大学生领导力训练系列丛书



# 大学生积极心态训练教程

杨颎　张芝◎主编

知识产权出版社
全国百佳图书出版单位
—北京—

**图书在版编目（CIP）数据**

大学生积极心态训练教程 / 杨颎，张芝主编 .—北京：知识产权出版社，2020.12
ISBN 978-7-5130-7142-0

Ⅰ. ①大… Ⅱ. ①杨… ②张… Ⅲ. ①大学生—心理健康—健康教育—高等学校—教材
Ⅳ. ①G444

中国版本图书馆 CIP 数据核字（2020）第 163088 号

**内容提要**

本书根据教育部大学生心理健康教育要求，从积极心理健康教育的角度，紧密结合大学生心理发展实际，深入浅出地阐述了大学生提升自我心理素质、维护健康心理需掌握的心理健康基本理论、基础知识。同时也阐述了大学生心理健康教育方面的突出问题及对应的训练方案。本书旨在帮助学生解决成长过程中的各种困惑及问题，适应现代社会生活能力，开发个体心理潜能，提升领导力，提高心理健康水平。本书可作为大学生及心理学相关研究人员的参考用书。

**责任编辑**：许 波　　**责任印制**：孙婷婷

**大学生积极心态训练教程**

DAXUESHENG JIJI XINTAI XUNLIAN JIAOCHENG

杨 颎 张 芝 主编

**出版发行**：知识产权出版社有限责任公司
**网　　址**：http：//www.ipph.cn
http：//www.laichushu.com
**电　　话**：010-82004826
**社　　址**：北京市海淀区气象路 50 号院
**邮　　编**：100081
**责编电话**：010-82000860 转 8380
**责编邮箱**：xubo@cnipr.com
**发行电话**：010-82000860 转 8101
**发行传真**：010-82000893/82005070/82000270
**印　　刷**：北京建宏印刷有限公司
**经　　销**：各大网上书店、新华书店及相关专业书店
**开　　本**：720mm × 1000mm　1/16
**印　　张**：10
**版　　次**：2020 年 12 月第 1 版
**印　　次**：2020 年 12 月第 1 次印刷
**字　　数**：150 千字
**定　　价**：49.00 元

ISBN 978-7-5130-7142-0

# 编委会

主　编　杨　颎　张　芝

副主编　谢　焜　陈　峰　谢宝歆　张玉卓

　　　　崔晚词　林青青　陈君蕾

# 前言 PREFACE

早在2011年2月，中华人民共和国教育部就下发了《普通高等学校学生心理健康教育工作基本建设标准（试行）》的通知，明确指出了当前高校大学生心理健康教育工作的主要任务：依据大学生的心理特点，有针对性地讲授心理健康知识，开展辅导或咨询活动，帮助大学生树立心理健康意识，优化心理素质，提高心理调适能力和社会活动的适应力，预防和缓解心理问题。文件要求高校应面向全体学生开展心理健康教育活动，不断创新心理健康教育活动形式，拓展心理健康教育途径，积极营造良好的心理健康教育氛围。2018年7月，教育部党组又印发《高等学校学生心理健康教育指导纲要》的通知，要求高校应建设形成教育教学、实践活动、咨询服务、预防干预“四位一体”的心理健康教育工作格局，强调推进知识教育，加强课程对心理育人的主渠道作用。

大学生正处于人生重要转折时期，其心理发展正在迅速走向成熟，而又未达到真正的成熟；大多数情况下他们能够保持积极的心态，但又时常被消极、悲观的情绪所困扰。现代社会具有节奏快、竞争强、压力大等特点，给大学生带来更多的挑战，让他们体验到更多的不适应、不确定、不安全和无助感。这些消极心态如果不能及时预防、排解和清除，就会导致心理障碍乃至引发心理疾病。同时，大学生为应对挑战，要提升自身的综合素养，对接受领导力教育有了更强烈的需求。为此，大学可以尝试围绕领导力和心理健康两方面共同开展教育教学工作，让大学生更好地了解自己、认识自己、悦纳自己，客观公正地对待他人、理解他人、欣赏他人，在人际交往中顺利、和谐，在日常生活中顺心、如意，在学习和工作中充实、成功。

本书遵循教育部党委等文件要求，采用了理论模块和实践模块两个部分的创新编写思路，理论知识模块简短、明了、通俗，实践技能模块形式多样、内容丰富、重在实训。本教材的内容有两大特点：一是适应大学生的知识水平和认知特点；二是理论联系实际，每章既有抽象的理论探讨，又具有具体的案例分析和专门的训练活动，这些训练活动有的是作者参加培训时的学习成果，有的是多年教学活动的总结，具有很强的可操作性，是体验式课程教学的参考书籍。本教材在教学目标上突出了针对性和时效性，在教学内容上突出了系统性和新颖性，在教学模式上突出了经验性和实践性，旨在帮助学生解决成长过程中的各种困惑及问题，增强适应现代社会生活的能力，开发个体心理潜能，提高心理健康水平。

本书由杨颎、张芝担任主编，陈君蕾、谢宝歆、陈峰、谢焜、崔晚词、林青青、张玉卓担任副主编。全书共七章，第一章由陈君蕾编写，第二章由谢宝歆编写，第三章由陈峰编写，第四章由谢焜编写，第五章由崔晚词编写，第六章由林青青编写，第七章由张玉卓编写，杨颎、张芝负责统稿。

本书编写过程中参考了大量的书籍和其他文献资料，在此对这些文献的作者一并表示感谢。

由于编者水平有限，书中不足之处在所难免，真诚欢迎广大读者批评指正，以便进一步修订和完善。

# 目录 CONTENTS

# 第一章　领导力与积极心态概述

## 【训练导言】

拿破仑曾经说过，一头狮子带领的一群羊远远胜过一只羊带领的一群狮子。这与我们俗语常说的“强将手下无弱兵”不谋而合。无论是动物社会还是人类社会都存在领导力，而领导力的水平却因人而异，不尽相同。中国儒家的先贤们早在“四书五经”之首的《大学》中就有“修身在正其心者”的说法，强调心态才是人之根本，拥有积极心态的领导者，更能打开思路、探索世界、关注优势、注重扬长避短，激发团队的创新精神并取得优异的绩效，进而达到卓越的效能与正向结果。生活中的你，是否也梦想成为举足轻重的“狮子”，做一个有勇有谋、气宇轩昂的领导者呢？那么，让我们一起思考以下几个问题：

我能做一个领导者吗？领导者需要必备哪些能力？

我擅长和他人沟通吗？我能带领一个团队走向成功吗？

在面对突发情况时，我能灵活应对吗？

……

带着这样的问题，我们开启第一章的学习。本章节包括领导力、积极心态的相关概念和相关理论，了解积极心态和领导力教育 6 个模块之间的关系，以及通过培育积极心态，提升大学生的领导力，促进学生的全面发展。

## 【训练目标】

认知目标：

①理解领导力和积极心态的含义，了解积极心态和领导力教育的相关理论。

②理解积极心态与领导力教育的相互关系，认识积极心态对领导力的影响。

能力目标：

①正确认识积极心态的意义，心态决定领导力。

②树立积极心态，提升大学生领导力。

## 【训练案例】

### 案例基本情况

小刘，大一学生，学习成绩较好，积极要求上进。开学第一次班会上，经班级同学推荐，成为班长。但是担任班长一月之后，老师发现，交给小刘的事情经常拖拉，即使完成了也时常错漏百出。老师找来小刘了解情况，小刘自述自己在做班长的这一个月，觉得自己很失败，不知道该怎么继续工作，也不懂得怎么与同学沟通，老师布置的工作遇到同学们不配合的时候自己又着急又苦恼。小刘为此感到很苦恼，甚至怀疑自己的能力，认为自己不适合做这个班长。

了解到情况后，老师认为，小刘出现的问题主要是刚当上班长，不太适应，导致心态方面出现了问题，甚至开始自我怀疑。于是，老师特意抽出一下午的时间为小刘做了心理疏导，帮助其建立自信心，战胜消极心态。此后小刘开始逐步调整心态，主动和同学交流生活和学习心得，还在周末组织同学们到操场玩破冰游戏，增加大家的熟悉度。小刘也在活动中建立了自信心，提升了沟通能力，心态也比之前更加积极了。

案例分析和启示：心态，是我们对待客观事物的心理态度，是我们的意识、观念、动机、情感、兴趣等心理状态的意想，它体现了我们的心理对客观事物的刺激所做出一贯的反应趋向。这种心理反应趋向，无论是认识性的、感情性的还是行为性的、评价性的，都对我们的思维、选择、言行等具有导向和支配的作用。领导魅力的体现、领导能力的提升与领导者的心态有着密切的关系，而这一点常常被我们所忽略。困扰小刘的问题在于他没有养成积极心态，对待问题和挫折抱有消极态度，并且把困难和挫折归咎为自身内在的原因，否定自己的能力。我们应从积极心态与领导力教育的角度入手，通过培育积极心态，帮助他正确发挥自己的优势，加强沟通交往能力，而不是过分关注自己的弱势，从而提升沟通效率，避免冲突。

**【基础知识】**

## 一、领导力及领导力教育基本理论

### （一）领导力

各国学者对领导力有不同的定义。目前公认的4种领导力观点分别是：①领导力是一种过程。②领导力包含了影响力。③领导力是在一种团队情境中产生的。④领导力包括目标实现。在本研究中，领导力是指领导者如何激励他人自愿地在组织中做出卓越成就的能力，是在团队领导的过程中，形成、发展并服务于领导过程的才能的统称。

领导力可培养、可提升，是人人都具有并且需要开发的一种潜力。领导力教育把培养高素质公民教育、培养大学生有意识地参与领导过程，作为一种以领导力为主题或专业，重在培养学生具有领导知识与技能的大学生领导力教育在高校孕育而生。越来越多的国内外大学把培养人的领导力作为大学教育的重要目标，将其视为大学生的核心竞争力之一。

### （二）领导力教育基本理论

1. 行为学习理论

在设计领导力教育相关活动时，行为学习理论以目标学习为中心，加强行为训练，重视对领导者具体某种能力或技能的建构。行为学习理论家们认为，行为训练和预期结果相互联系，只有当我们追求某种结果，而学习是结果的获得途径时，学习行为才会发生。所以，一张证书、一个奖励都会鼓励学习者学会一种技能并且内化为自己的行为习惯。

依据行为学习理论，我们应当鼓励正确的行为，对学习过程给予经常性的正向反馈，避免使学习者受到惩罚，尽量使学习过程个性化，创造积极的环境，并允许学习者因自己取得的成就而进行自我奖励。

2. 社会学习理论

我们通过观察自己信任且学识渊博的人（示范者）的行为而进行的研究称作社会学习理论。此理论提出，当我们观察到其他人的某些言行被加强或得到奖励时，就会一直向那些被奖励过言行的示范者学习，并重复这些行为。社会学习理论的创立者班杜拉（Bandura）提出，学习受到自我效能的影响，也就是确信自己可以达成某些任务的预期目标。通常情况下，自我效能感越大的人所付出的努力就越多，对挫折和失败的承受能力也就越强，能坚持下去的概率也更大。

如果在领导力教育上应用社会学习理论，学习者的自我效能感的多少，即对自己掌握知识的能力上的把握，在很大程度上会对教育成果产生影响，这也是领导力教育项目设计过程中重要的参考条件之一。

3. 建构发展理论

梅兹若（Mezirow）的转化学习理论是最为著名的建构发展理论之一，该理论认为个体对其所处环境和学习行为进行批判性反思的过程就是转化学习的过程。通过激烈的反思，个体的思想和世界观得到了改造。“转化学习”促成个体的意义结构发生关键性的改变，其结果是个体形成新的认知框架。随着个体参照框架和意义生成体系的形成，个体对于世界的看法和视角也形成了，参与者的自我认知得到增强。自我认知是领导力发展理论中的一个重大主题，包含其对自身情绪的深刻理解及对于自身优势、局限、价值观和动机等的深刻理解。

4. 学习迁移理论

在成年人学习理论中包含了一条重要的概念，即学习迁移。这个理论表述了项目参与者在接触新的学习领域时，会有效利用他在之前的教育培训中所得到的学习经验，以促成已有观念的改变、新知识的获得或行为的变化。依据卡夫瑞拉（Caffarella）的研究，促成和阻碍学习迁移的因素如表 1-1 所示。

表 1-1　促成和阻碍学习迁移的因素

| 促成学习迁移的因素 | 阻碍学习迁移的因素 |
| --- | --- |
| 广泛使用主动学习，包括应用练习 | 运用指令性方法导致被动学习 |
| 培训环境与实际应用环境相符合 | 培训环境与实际应用环境不符合 |
| 灵活运用学习迁移策略 | 学习迁移策略脱离现实或没有提出迁移策略 |

## 二、积极心态及其基本理论

### （一）积极心态

大学生的社会心态是指大学生在特定的历史条件下，在一段时期内所普遍具有的相对稳定的心理或精神状态。这种心态在特定环境中表现为大学生这一群体因主观条件或客观条件的不同而对当下生活普遍的心理状态和情绪基调。代表性、普遍性、时代性、潜隐性、复杂性等心理特征和倾向是高等院校学生社会心态的显著特征。

大学生积极心态包含广义和狭义两个方面。广义的大学生积极心态是指大学生群体在与社会接触时所表现出的情绪基调，包括在与社会群体来往时获得的客观的认知、积极的生活感受和情绪，如对自己的未来充满信心等宏观的积极心理和态势；狭义的大学生积极心态表现为该群体在大学生活中所产生的坚强的意志、优良的品质、健康的生活习惯、先进的思想观念、远大的目标理想、良好的审美趣味等。具有积极的心态就是个人在适应形势变化的过程中，主动吸收社会生活中有利于自身发展的新思想、新理念、新技能，宽以待人、努力工作、认真生活，积极面对挫折和困难。它包括大学生积极的心态、情感、情绪、认识、态度、观念等多方面的内容。

大学生积极心态具有以下三方面的基本特征。

1. 积极性

积极性是大学生心态外在表现的一个主要特征，也是主流大学生群体能够始终保持健康心态的重要原因。具有积极心态的大学生群体的政治立场较为坚定，具有高度的政治认同，会主动关注国内外的重要事件。他们思想观念务实、进步，更易接受新鲜事物，会主动树立深远的人生目标，持之以恒地追求成功，在面对生活中的困难、挫折与失败时都较为乐观。这类群体也会主动地参与到社会实践中，丰富自己的生活体验。他们善于沟通，人际交往宽泛而自由，喜欢和志同道合的人打交道。他们的课余生活也很充实，经常组织或参与一些丰富且有意义的集体活动。在学习上积极且认真，对自己严格要求，善于运用不同的学习方式，营造良好的学习氛围，除自己本专业的课程以外，也会不断学习其他知识，自主学习能力较强。

2. 独立性

独立性是大学生积极心态的重要特征之一。高等学校学生的独立人格是一种多层次、多维度的结构，可具体分为学习独立、生活独立、心理独立 3 个方面。他们的心理独立可分为 3 个维度，即情感、意志、认知，主要表现为对父母和老师的依赖度较小，对待事物有自己的判断和观点，能够独立分析问题。生活独立则是大学生行为成熟最常见、最直接的外化表现方式，体现为可以正确处理师生、同学关系，可以合理支配生活开销等，在生活历练上较少需要父母的帮助，善于从失败中吸取教训。学习的独立性需要他们在步入大学后改变最多，相较于高中时代，在上大学以后，大学生们需要养成独立支配学习时间、制定合理的学习目标、独立思考学习上遇到的问题等良好习惯。大学生可以利用学习型集体活动如辩论会、社会实践活动、专业竞赛等主动学习的机会来提升个人生活能力，为积极应对未来的工作和生活积累宝贵经验。

3. 适应性

适应性也可称为适应能力，是大学生心理健康标准的重要参考方向，也是判断当代大学生群体心态是否健康和积极的重要参考条件。大学生心理适应性所能承受的范围决定了他们面对挫折时的对抗能力、自我控制能力及在人际交往过程中的协调能力等能力的大小。适应性是由大学生群体生活条件所决定，是高等学校教育对大学生群体能够形成健全人格的最基本要求。

大学生的适应性会伴随他们的心理年龄和生理年龄的增长逐渐增强。在整个大环境的影响下，拥有适应能力的大学生群体通常会积极参与社会实践、丰富生活体验、自我磨炼意志，善于建立良好的人际关系，可以更快、更好地适应环境等。随着心理素质的不断完善，他们的心态也会越来越积极。

### （二）积极心态基本理论

1. 社会心理学理论

社会心理学理论中的社会认同理论、群体社会化发展理论为大学生积极心态的培养提供了一定的理论指导。

（1）社会认同理论

社会认同指的是个人在认识到自己归属于某个特定的社会群体，同时也意识到自己处于该社会群体时所获得的情感和价值意义。泰费尔（Tajfel）和特纳（Turner）通过研究发现，积极的社会认同是通过比较内群体和与其有关的外群体之间获得的。泰费尔和特纳将社会认同分为类化、认同和比较 3 个基本维度，如图 1–1 所示。

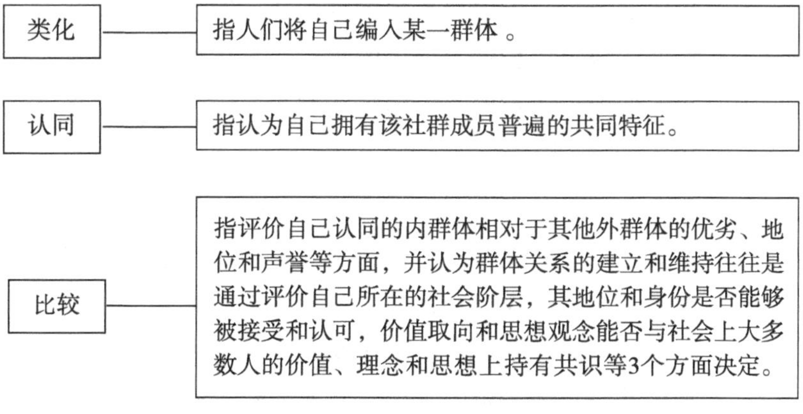


图 1–1　社会认同的 3 个维度

从本质上而言，社会认同是人们的一种集体观念，根源在于人们所在的内群体共同拥有的心态、观念、生活态度等是否积极健康。也正因为此，在大学生积极心态的培养过程中，社会认同理论为研究群体关系的形成和确立提供了不可或缺的理论依据。在社会认同理论指导下，高等学校学生群体应建立起积极进取的集体观念，为维持群体成员间的良好关系创造条件，争取得到积极群体成员的社会认同。

（2）群体社会化发展理论

在所有社会环境中，布朗（Brown）将青少年群体所处的社会环境界定为“群伙或群体”。他指出，每一种群体都有其独有的价值结构和生活态度，处于青少年时期的群体成员，时而稳定，时而充满不确定性。外群体环境和个体情绪都会对群体产生影响。个体在群体中地位的变化也会影响其对所属群体的态度变化。哈里斯（Harris）等人基于心理学、人类学及生物学最新的研究进展提出了群体社会化发展理论，这个理论认为，从个体的社会化发展过程来看，个体在寻找并认同家庭成员以外的群体时是通过性别、年龄、种族、能力、兴趣、爱好等相关社会特征来进行的，尤其是因同伴群体而达到的社会化对个体的发展起了决定性的影响。对大学生群体来讲，他们在社会化过程中，会以一定的生活背景为基础，根据某些目的或以群体成员彼此间的相似性来建立起各种群体。当个体从大学生群体中获得积极的社会认同时，会加强群体同化，使自己与其他群体成员更相似，群体的社会化直接促进了个体的社会化进程。因此，大学生个体积极心态的养成有赖于大学生群体心态朝着积极的方向发展。

2. 积极心理学理论

积极心理学是社会心理学在研究发展过程中产生的新领域。该学科认为低谷与挫折是人们生命阶段的重要组成部分，是和成功、胜利同等重要的人生经历。与心理学的其他分支相比，积极心理学把注意力放在了人们生命中那些更加美好的事物上，认为发生在我们日常生活中的美好的事情是人生中最重要的。该学科以积极的社会因素和个人特质为研究对象，通过研究人们的性格、价值观、人际关系、社会事物中积极的一面，寻找发现它们的特征和规律，从而促进人们树立正确的价值观和人生目标，帮助人们获得生活的幸福、事业的成功、人际关系的和谐等。

积极情绪研究者芭芭拉·弗雷德里克森（Fredrickson）在1998年首次提出了拓展－构建理论。该研究理论从主观层面出发研究人的积极情绪体验和积极思维的心理反应，是有关积极情绪可以拓宽心理和行为的技能，并且能够建立心理资源的研究。这个理论认为，人类的积极情绪好比植物的向光性：当积极情绪占主流时，人们更倾向于拓展思维及其视野，在思维延展时也会获得更多的积极情绪。反之，当人们陷入烦躁、焦虑、愤怒等消极的情绪时，就会减少对自己的宁静、喜悦、乐观、自豪、感激、希望、激励等积极的情绪方面的关注。积极情绪研究为大学生积极心态的培养开拓了新的研究视角，它促使我们不仅仅研究消极的心理因素，更要关注心态积极的一面。

马丁·塞利格曼（Martin E.P. Seligman）所著的《习得性乐观》是关于人格特质方面研究的代表，他基于个体层面研究人的习惯性解释归因。在他的众多研究中，其研究积极的个性特征——“乐观解释风格理论”颇为盛行。他指出，具有健康、乐观、积极、向上的人格特质的人更容易形成乐观的解释风格，从而使其保持积极的心态，反之亦然，如表1–2所示。

**表1–2 “解释风格”定义及分类**

| 定义 | 分类 | 归因 | 观点或行为 |
|---|---|---|---|
| 人们对发生在自己身上的事所做出的一种持续一贯性的解释方式。 | 乐观性解释风格 | 将挫折和困难归咎于外部原因 | 能够积极乐观地对待事物 |
| | 悲观性解释风格 | 把挫折和困难归咎为自身内在的原因 | 认为困难和挫折是挥之不去的阴霾，从而影响自己所做的其他决定。 |

积极的个性特质和积极的人格都是大学生心理健康不可或缺的重要因素。积极心理学认为，积极的社会关系可以促进积极人格及个性特质的发展，从而进一步促进积极的主观体验。因此，该理论的研究者更加注重关于群体与个体形成积极能量有关的社会关系，包括健康的家庭环

境、优良的学校氛围、积极的人际关系及强烈的社会责任感等；注重团体和社会群体对积极环境的构建，从而营造友好的人际氛围来使人们身心愉悦。

为培养大学生群体的积极心态，我们应该引用积极心理学理论，从研究大学生的情绪、情感和体验出发，培养大学生乐观、健康、向上的心理素质，引导大学生学会客观认知自己和他人，并用发展的眼光看待面临的问题，积极地进行心理体验。

## 三、大学生领导力教育与积极心态培养

领导力教育是培养与发展个体的领导能力及培养领导人才的实践活动。领导力教育虽然与领导力培训在概念上差别不是很大，但后者相对于前者是一种更加短期的培训。领导力教育的概念相对领导力培训来说则更为广泛，既包括对社会在职领导管理人员和已成年的领导预备人才的领导能力的培养和发展，也包括对早期未成年人才的领导潜能的开发。这类领导能力发展的活动既包括长期的正规教育，也包括短期的专门培训。从本质上说，领导力就是发展个体和组织有效执行领导角色和过程的综合能力的各种活动和经历。国外现有的领导力教育文献多以领导力发展为主题词。

领导力发展不仅包括个体的领导力发展与培养，还包括建立个体与个体之间的联系，进而壮大团体的能力。领导力发展通过建立起某个组织内部每个个体之间的联系，从而强化个体与集体扎根其中的组织文化与制度。我们可以通过实行领导力培训项目，促使个人、团体和组织在具体的实践过程中发生变化，从而使其更好地平衡个人、团队和组织三者之间的关系，达到领导力教育的效果目标。

在今天，领导力和领导力教育越来越被认为是相互联系的过程，其本质是一种强调合作、具有社会性、关系性的过程。因此，要提升领导力，有计划地进行领导力教育尤为重要。

拿破仑·希尔（Napoleon Hill）曾这样说过：“人与人之间只有很小的差异，但是这种很小的差异却能造成巨大的差异。”从心理学视角来看，

小小的差异（如心态）会决定成败，同样也会影响领导力的发展。国内学者翁文艳在借鉴当代美国高校的大学生领导力教育的成功经验后，在《国外领导力教育与培训概览》中提出，大学生领导力的必备特征由 6 个方面的能力组成，如图 1–2 所示。

图1–2 大学生领导力必备的六大特征

（1）自知的能力

领导力教育重视让受训者思考自我的领导经验和领导风格。这意味着成为一个领导者必须拥有自知的能力，最重要的是对自己领导风格和经验有充分的认识，只有如此才能知道自己的优点，并避开自己的缺点。

（2）灵活的适应能力

美国高校的大学生领导力教育更加重视培养学生面对多元文化时的适应能力、从多角度分析问题的能力及团队合作的能力等。领导者要更加敢于面对挑战而不是惧怕挑战，要能应对各种各样的任务，并向着成为跨学科思考者靠拢。

（3）处理人际关系的能力

这是指大学生解决并化解冲突的能力，通过谈判来寻求合理解决冲突的能力、学会在合适的时机授权他人的能力等亦是国外高校大学生领导力教育课程的重点。这说明我们要成为合格的领导者，必须善于建立并维持与他人的关系。

（4）把握公共政策的能力

美国的大学生领导力教育注重培养学生们了解和开发公关政策的能力，这意味着把握公共政策是任何类型的领导者的必备技能。领导者只有在了解当前公共政策系统的本质以后，才会对相关的经济社会问题施加财政和项目方面的影响。公共政策问题（如健康、社区或学校教育问题）都通常被用来教育个体成为合作领导者和参与性追随者。领导力教育项目通常选择一个专门问题，然后集中帮助解决一个相关的挑战性问题。

（5）创造性思考的能力

创造性思考的能力培养是领导力教育的培养目标之一，在领导力教育进行的过程中，我们要注意加大对学生的批判性思维的培养。批判性思维能力与领导力存在着密切的关联，因此，为解决当下社会中出现的层出不穷的情况和问题，作为领导者需要提供实际有效的、打破惯例的解决途径，这就是创造性思考的能力。

（6）承诺服务的能力

美国对大学生领导力的培养会对大学生们的需求进行评估，并更加重视通过对社区和他人提供公益服务来培养他们的服务意识。所以，责任意识和服务意识也越来越成为领导者不可或缺的因素之一，变革型领导的动机来源于服务的需要、对个体需求的敏感能力及较强的责任意识。

众多的实例告诉我们，积极心态可以帮助人们发展自己的优势而不是专注于自己的弱点和劣势。当我们在面对纷繁复杂的工作时，如何保持一颗积极的心，积极应对压力，体现了其灵活的适应能力。作为领导者，往往需要面对众多的沟通对象，保持积极的心态也有助于其提高和他人的沟通效率，避免冲突等。由此可见，培育积极心态有利于使人提高自信，施展才华，提升领导力的积极作用。

目前，大学生群体在学习、生活、人际关系、择业和情感等方面遇到挫折与困难时，会积累部分消极情绪，导致一些大学生出现心态失衡、心理压力过大的现象。为了缓解这一现象，减轻大学生群体的心理压力，我们应该做好对学生的心理疏导，在对学生的心理健康教育这一目标中纳入积极心态管理工作，通过各式各样的实践训练，帮助大学生更加客观地认识自我，增加学生的积极情绪体验。通过不断促进学生心理素质的积极发展，提高学生的主动适应性，减少学生的消极情绪，引导学生建立稳定、乐观的心态，开发学生的潜能，重视对积极心理素质的培育和能力训练。根据从心理学角度概括出的大学生领导力教育中呈现的领导力必备特征，结合既往经验，强化积极心态培养的目的和效果，对应其 6 个特征将培养项目分为 6 大工作模块，每个模块均有“暖身、转化、工作、结束”4个主要环节。具体如表1–3所示。

**表1–3 训练项目具体工作思路和内容**

| 大学生领导力必备特征 | 培养模块 | 对应训练内容 | | | |
|---|---|---|---|---|---|
| | | 暖身 | 转化 | 工作 | 结束 |
| 自知的能力 | 自我意识 | 大风吹 | 无家可归 | 我是谁<br>拥有与丧失 | 收获糖弹 |
| 灵活的适应能力 | 环境适应 | 见到你，我真高兴 | 寻找归属 | 孤岛求生 | 互助按摩 |
| 有效处理人际关系的能力 | 沟通交流 | 松鼠搬家 | 123报数 | 撕纸游戏<br>诺曼底登陆<br>信任之旅 | 心灵电报 |
| 把握公共政策的能力 | 团队精神 | 数字抱团 | 团队分组 | 盲人三角<br>坐地起身<br>背夹球跑 | 放松按摩 |
| 创造性思考的能力 | 创新思维 | 谁是落花 | 团队分组 | 头脑风暴<br>八仙过海<br>自由之塔 | 放松按摩 |
| 承诺服务的能力 | 意志责任 | 修理收音机 | 水果家族 | 信任后仰<br>相依为命<br>“高尔夫球”行动 | 互赠卡片 |

## 【知识小结】

①领导力是指领导者如何激励他人自愿地在组织中做出卓越成就的能力，是团队领导过程中形成发展并服务于领导过程的能力。

②领导力可培养、提升。领导力教育是促进领导能力发展和领导人才培养的实践活动。

③大学生领导力具备6大方面心理特征，积极心态可以帮助大家发展自己的优势而不是专注于自己的劣势。

④心态是我们对待客观事物的心理态度，对我们的思维、选择、言行等具有导向和支配的作用。

⑤心态决定领导力，塑造积极心态有利于提升领导力水平，提升个人和团队的积极能量。

⑥培养大学生的领导力可围绕自知的能力、灵活的适应能力、处理人际关系的能力、把握公共政策的能力、创造性思考的能力和承诺服务的能力 6 个模块开展训练，提升大学生的领导力水平。

## 【知识拓展】

①边慧敏 . 大学生领导力提升［M］. 四川：西南财经大学出版社，2012.

②翁文艳 . 学生领导力［M］. 北京：中国法制出版社，2013.

③冼一丹 . 领导力之压力管理［EB/OL］.（2015-5-9）［2019-9-18］. http：//www.duobei.com/course/9680131251.

④哈佛公开课 . 领导力培养［EB/OL］.（2014-5-3）［2019-10-2］.http://open.163.com/newview/movie/free?pid=MAOLIFV6H&mid=MAOLLFVUU.

# 第二章　积极心态之自我意识训练

## 【训练导言】

我国古代思想家老子说："知人者智，自知者明。"正确的自我意识能够促进社会适应和人际关系的和谐，促进学生自我实现。一个人的心理成熟程度和心理水平与自我意识的发展程度息息相关。自我意识是个完整的体系，包含了人的需要、欲望、喜好及行为习惯等。形成正确的自我意识对形成积极心态起着重要作用。大学时期是自我意识发展的关键阶段，看看下面几个问题，你对自己有何认识？

我是谁？我有哪些特质？

在这些特质中哪个是最重要的？

怎样的生活对我来说是有意义的？

要过上这样的生活，目前我还有哪些困难？

……

带着这些问题，我们开启这一章的学习。本章包括自我意识的相关概念，自我认识、自尊、自我控制与自我意识之间的关系，以及培养正确的自我意识的方法，如何形成健康、积极的心理状态。

## 【训练目标】

认知目标：

①理解意识与自我意识的含义，了解自我认识、自尊、自我控制的

相关理论。

②理解自我意识培养的重要性，认识大学生自我意识的发展特点。

能力目标：

①能够通过有效途径培养自我意识。

②通过树立正确的自我意识，养成积极的心态。

## 【训练案例】

### 案例基本情况

小王，男，大四学生，学习成绩很好，通过自己的努力专升本入校。平时在与朋友交往过程中，他特别喜欢与朋友进行辩论，而且必须说服对方认同自己的观点才肯罢休。在许多问题上，都认为自己是对的，长此以往，身边的朋友越来越少，小王终于意识到自己的问题，并感到非常懊悔。

现在面临毕业，小王对于自己的去向十分迷茫，身边也没有朋友能够提供建议和帮助。想要考虑回家随便找个工作，家里人也因为他没有明确的目标而不知如何是好。小王对现状感到苦恼，想要改变却不知从何入手。

辅导员了解到小王的情况后专门对他进行一对一帮扶。首先，帮助他调适择业心理，缓解就业压力。其次，通过各种量表确定职业兴趣和职业价值观。最终，辅导员帮助小王走出了心理困境。

案例分析和启示：在自我意识的发展成熟期，大学生通过积极的自我观察、自我探索和自我思考对自己有更深的认识。虽然不断进行着自我意识的调整、整合，但大学生在处理各种自我矛盾时，由于身心尚未发展成熟，他们在经历心理煎熬的过程中，往往面临着消极情绪、自我意识偏差、人际交往障碍等许多问题。

困扰小王的问题的根源在于他对自我有着错误的认识。从自我意识培养的角度，我们应帮助他多角度审视自我、调整自我，并向理想自我靠近，建立“自我同一性”，从而改善其人际关系，形成明确的自我意识，进而明晰自己的方向和目标。

# 第一节 自我意识

## 【基础知识】

### 一、意识与自我意识

#### （一）意识

意识是指个体以感觉、知觉、记忆和思维等心理活动过程为基础的系统整体，对自己身心状态与外界环境变化的觉知和认识。具体来说，意识是个体对外界环境刺激、内心感受、记忆和思维的觉知及对自身行为和认知活动产生、维持和终止的调节与控制。

#### （二）自我意识

自我意识是意识的一个分支，自我意识体现出对待自己和认识自己的统一，是个体对自我内心活动总体状态的认识与觉知。

美国心理学家威廉·詹姆斯（William James）的著作《心理学原理》中，把自我分为客体自我和主体自我。社会、认知、行为和描述心理学为客体自我提供了理论支持；进化理论则为主体自我提供了理论支持，它把注意力放到了自我的生物基础上。个体在自我这一层面上是一个有意识的行为实施者，具有学习、理解、记忆、交流和适应环境的能力。主体自我也支持心理分析中的自我概念，在心理分析理论中，自我需要平衡并解决自己和外界的矛盾。相反，作为目标追求的理想自我或可能自我，这是与客体自我概念（而不是与主体自我概念）相对应的。

在客体自我这一层面，强烈的自我效能感和个体的高自尊会增强个人力量并促进个人能力的提升。当我们对自己的评价较为积极时（高自尊），并且相信自己能够通过努力实现目标（强自我效能感）时，我们会感觉到自己更加的幸福和健康。对主体自我来说，我们则能够有效地面对并解决生活中的挑战，能有效利用适应性防御机制来处理自我心理冲突。当我们利用恰当的应对策略去面对并解决生活中的挑战时，利用恰当的防御机制解决由某些攻击和社会冲突引起的焦虑时，我们的生活也可以变得更美好。

客体自我接受主体自我的态度与命令，使个体的各方面条件符合社会的要求。与此同时，主体自我则会根据社会规范随时随地实现对客体自我的调节。自我的主体和客体这两个方面通过社会交往逐渐分明。

个人的自我意识是他最高品质的本源。自我意识为个体有效区别“自我”和世界的能力奠定了一定的基础，并给予了个体时间感，使他能够暂时从此时此刻脱离出来，想象之前或之后的自己。自我意识的能力同样是个体运用符号能力的基础，即让某个事物变得更抽象的方法，如组成“桌子”的这两个音，约定俗成地代表着这一类的东西。

## 二、自我意识基本理论

### （一）自我认识

自我认识综合了感知、分析和评价 3 个维度。自我认识应理解为个人对自己心理和身体特征的研究。

#### 1. 通过认识其他人而认识自己

马克思曾指出:“人起初是以别人来反映自己的。”人既直接，又间接地认识着自己，间接认识发生在比较复杂的直接认识之前。儿童在最开始时并不能把自己从周围世界中分出来，他操作玩具与玩弄脚趾一样热心，他逐渐地从周围事物中分出自己、自己的器官和整个身体。身体分化的过程是通过认识外界和自己而产生的，并且首先是在本体感受器感觉（各器官本身的位置和运动的感觉）的水平上进行的。俄国生理学家谢切诺夫曾说:“从儿童的自我感觉中产生成年时期的自我意识，这种自我意识能使人批判地对待自己意识的行动，即把自己一切内部的东西和一切外来的东西分别开来、分析它，并同外部的东西加以对比，研究自己意识的行动。”在交际过程中，人们彼此认识和评价，这些评价会影响到对个人的自我评价。他人和集体对一个人评价的意义在于，如果对人的行为或活动的一致评价具有经常的性质，那么个人也会抱有关于自己能力或性格品质的相应信念，并如他人的评价那样来评价自己。

2. 通过分析自己的活动与行为来自我认识

间接地认识自己是通过分析自己的活动结果来完成的。通过分析和评价某领域的成就，估计工作花费的时间和精力，可以确定自己能力的水平。通过评价自己的社会行为，人能认识到自己个性的心理特征。分析周围人们对待正在自我研究的个体的态度，在间接的认识中具有同样重要的意义。亲近的人、集体里的同志的客观评价，能够使人更深刻地认识自己。

把个人品质的自我评价同他人的评价相比较很重要，这能够说明自我认识的适当性，说明对自己个性评价过高还是评价不足。由此可以明白，扩大交际范围能够更好地认识和比较自己个性的积极特征和消极特征。

3. 通过自我观察来自我认识

通过自我观察的形式可以达到自我认识。在感知、发现表象、体验和思考的过程中，个体也许会将注意力从内心活动的客体转为自我状态并评价它，自我监督就建立在这个基础上。在这个过程中，安静沉着的状态相对而言，更有利于自我观察。相反，心理活动的强度较弱或者内心过于紧张，都会减少自我认识和自我监督的可能性。激情的状态下，对某种事物的极强烈的爱好或者对某事物过于集中的默想，都会缩小自我观察的可能性。在这些情况下，关于状态的自我报告常常是不完全的，甚至同真实的心理过程不相符。因此，人们常常会谈到界限问题，因为在这个界限范围内才能够进行最充分和最清楚的自我观察。

一些达到完善或者完全自动化的动作，似乎是不经过意识进行的，但实际上会不断地受到监督。比如，一个编织经验丰富的妇女在机械地织毛衣，为了收针，会在瞬间停止编织。

### （二）自尊

我们可以把自尊视为人对自我的全面评价。威廉·詹姆斯对自尊的定义是个人对自我价值的感受，自我价值的大小取决于个体实际所获得的成就与其抱负之间的比值。威廉·詹姆斯对自尊定义中的抱负指的是个人对自己是否能成功的判断，而这种抱负能从个人的目标、追求和价值中获得预知。对自尊的这种定义强调了它是一种结构，借助于对我们现在和将来渴望以什么方式进行比较来评价自己与自我价值。自尊是一个多维的结构，它既包含了以对自我价值的普通评价为基础的整体自尊，也包括在不同背景中（如家庭、学校、工作、同伴之间）以对自我价值的详细评价为基础的特殊自尊组成的多维结构。一个人的自尊可能是来自于出众的外表，另一个人的自尊则可能是来自于良好的教养。

高自尊与低自尊个体之间存在许多不同的个人特征，如图 2-1、图 2-2 所示。

图 2-1　高自尊的表现

图 2-2　低自尊的表现

高自尊个体主要关注可以提升自我的信息，寻找各种机会来提升自我和展现自我。如果高自尊个体在实验室任务中得到消极反馈，那么他们一开始会坚持完成任务，但是如果还是失败，他们就会停止做这个任务。然而，低自尊的人比高自尊个体更倾向于自我保护，他们会避免失败、羞辱或拒绝。如果他们在实验室的任务中失败，他们会倾向于一直坚持下去直到成功为止。因此，高自尊个体通过寻找机会表现和运用自身优点来获得成功，以此来提高对自我的评价；而低自尊个体则倾向于找出他们的不足之处并进行纠正，以勉强避免失败。

**（三）有意识的自我控制**

研究表明，有意识的自我控制对我们的生活至关重要。自我概念会影响我们的行为，如接受挑战性的任务，想象自己通过努力就能够顺利完成任务的人比那些想象自己无法完成任务的人更容易成功。你的积极可能性会让你更倾向于计划和制定一个成功的策略。这便是有意识的自我控制。

1. 自我效能

斯坦福大学的心理学家艾伯特·班杜拉在他的研究中提到了积极的想法对人们成就的意义，并提出了自我效能的理论——对自己的效率与能力具有更加乐观的信念的人更容易获得回报。通常，具有较高自我效能感的儿童或成年人更有韧性，焦虑或抑郁也更少。在生活习惯上，这一类群体也更加健康，并且获得更高的学业成就的概率也更大。

在日常生活中，自我效能能够引导我们设立更具挑战性的目标，并且在遇到挫折的时候表现出较强的韧性。较高的自我效能感会引导个体在面对困难时保持平和的心态来寻求解决方案，而不是犹犹豫豫地认为自己的能力不足。持之以恒地努力再加上个人能力就能获得成就。伴随着成就的获取，自信就会增强。像自尊一样，自我效能则会随着辛苦付出换来的成就而增强。

2. 控制点

控制点是一个描述个体对生活事件的责任知觉的概念。具体来说，控制点是指个体将责任归因于自身的内部因素还是外部因素，如命运、运气或机遇。你的自我效能是你在多大程度上感觉自己有能力去做一些事。但它对这件事的结果影响大小多取决于第二个因素：你在其中有没有控制？例如，你可能感觉自己是个合格的司机（高自我效能），但是喝醉酒的司机开车会有危险（低控制）。

朱利安·罗特（Julian Bernard Rotter）的学生杰里·法里斯（Jerry·Faris）曾有一个 40 岁的男病人，这个男病人认为自己不擅长社交。在法里斯的劝说下，他去参加了一个舞会，舞会上有好几位女士想要和他跳舞。而在之后的问询报告中，他坚持认为："我只是有点儿幸运而已，这可能不会再发生了。"当法里斯报告这件事时，罗特确认了一个想法：有些人似乎一直"感觉发生在自己身上的事是被外部力量支配的，而还有一些人则感觉发生的事在很大程度上是受自己的努力和技巧支配的"。

你是主宰自己命运的人，抑或是被环境牺牲的人？你可以编写、主导、控制自己的生活，还是被当下的处境所俘虏？这个维度被罗维称为控制点。他与法里斯一起设计了 29 组陈述来测量某个人的控制点，量表结果会证明你觉得自己的命运是由自我来掌控（内部控制点），还是由外部力量和机会来决定（外部控制点）。

那些认为自己是内部控制的人通常在学校里表现更优秀，如能够成功戒烟，自觉系安全带，挣更多钱，并且可以忍受暂时的不满足以实现长远目标。我们在多大程度上感觉到可控取决于我们如何解释挫折。有的学生常常认为自己是受害者，将糟糕的学习成绩归因于自己无法控制的因素，如他们觉得自己很笨或老师、课本、考试太"烂"。

我们可以通过一些训练，使他们采用更加乐观的态度，让他们相信自己可以通过努力、自律和良好的学习习惯就会产生效果——学习成绩直线上升。一般而言，具有自我控制感的学生会得到更好的成绩，拥有更好的关系，并且心理更加健康。

研究者发现在某些情况下个体是内部控制的，而有些情况下是外控的。例如，一个人可能在健康问题上是内部控制的，相信只要自己吃得好，多锻炼，就可以控制自己的健康状况；但涉及政府和政治问题时，则是外部控制的，认为自己无论做什么都不可能影响到制度。

## 三、自我意识培养的重要性

自我意识是人区别于其他生物，是人之所以为人的重要标志。

法国哲学家帕斯卡尔（Paschall）说："人不过只是一根苇草，是自然界最脆弱的东西；但他是一根能思想的苇草。用不着整个宇宙都拿起武器才能毁灭他；一口气，一滴水就足以置他于死地。然而，纵使宇宙毁灭了他，却仍然要比置他于死地的东西高贵得多，因为知道自己要死亡，以及宇宙对他所具有的优势，而宇宙对此却是一无所知。"

### （一）自我意识促进主体人格不断完善

在社会生活中，个体不是消极被动地接受外界影响，而是主动、积极地面对外界的变化，在大脑中主动构建对外界的感知，赋予其含义，并不断自主地调节自己。自我意识对个体的人格变化具有反馈和调节的作用。人们是借助于对自己不间断的领悟和反思来逐步发展和完善自己的人格的。健全的人格是以正确地认识自己、评价自己、调控自己为基础的。过低或过高的评价都会导致自我接受或者自我拒绝，这两种不恰当的自我评价及其产生的个人体验都是不利于个人的人格发展与成长的。培育大学生群体恰当而正确的自我意识是健全他们人格的重要途径。客观地认识外界事物的前提是健全的自我意识，如果一个人连自己都无法清楚地认识，那么他是不可能正确认识其他人和外在世界的，也就没有办法从现实中获得正确而客观的反馈，更无法有效控制自己的情绪、行为，自然也就无法发展形成健全的人格。

### （二）自我意识引导和调控主体成长、成才

正确的自我意识是心理健康的重要因素，是个体自身客观存在的一种成功机制。自我意识在推进个体成长、成才方面起着导向、控制和监督教育的作用。这种机制运作的原理如图 2-3 所示。

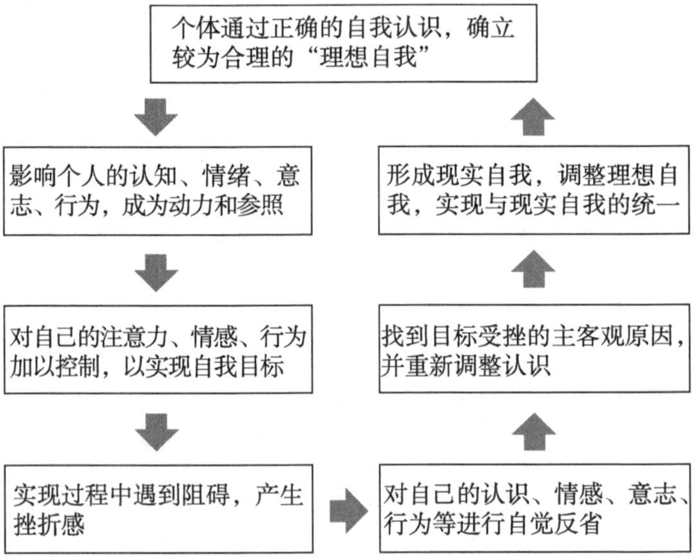


图 2-3　自我意识的导向与监督机制

### （三）自我意识改善主体生活状态

现实情况可以让具有不同自我意识程度的人呈现出不同的生活状态。自我意识健康的人，能够正确认识并接纳自我，对自己目前的状态既知足又有继续努力的动力。但是对那些自我意识不健康的人们来说，大部分人对自我的生活状态相对不满意，这其中又有很多人有了很多“迷失自我”的烦恼和困惑。这类人群痛苦的根本原因大多是不能适应环境或者不能认同自我。

要改变这种生活状态需要用到和发挥自我意识体验、认知和控制的

功能，正确合理地认识自己，从而获取乐观积极的情感体验，让自我调控机制作为个人改善自身、重塑信心的中介，持续推进个人摆脱当下不良的生活状态，向幸福快乐的康庄大道前进。

从前有位穷困潦倒的年轻人，他为了生活托父亲的一个朋友帮忙找一份工作，“你能做什么？”这位老人问。年轻人回答：“我没什么大本事。”“数学精通吗？”“不行。”“你懂得物理，或者历史吗？”“什么都不知道。”“会计或者法律如何？”年轻人满脸通红，觉得自己一无是处。老人只得让年轻人先留下住址，看以后是否有合适的工作。当年轻人写下住址时，老人吃惊地说：“你有一样长处，你的字写得很好！”这个年轻人就是写下世界名著《茶花女》的法国著名作家亚历山大·小仲马。

## 【知识小结】

①自我意识是个体能意识到自己的主观体验。它表现在认识自己和对待自己的统一，是个人对自身心理活动总体状态的觉知与认识。

②高自尊和强自我效能感可以促进个人力量和顺应能力的发展。

③控制点是指个体将责任归因于自身的内部因素还是外部因素，如命运、运气或机遇。

④自我意识是人区别于其他生物的特征，是人之所以为人的重要标志。

## 【知识拓展】

①布莱克摩尔．对话意识［M］．李恒威，徐怡，译．杭州：浙江大学出版社，2016.

②科赫．意识探秘——意识的神经生物学研究［M］．顾凡及，侯晓迪，译．上海：上海科学技术出版社，2018.

③清华大学公开课．自我意识的调节方法［EB/OL］．（2018-12-13）［2019-9-22］.http://open.163.com/newview/movie/free?pid=ME2CFUN8F&mid=ME2HMHPON.

④ TED 演讲 . 如何解释意识 [EB/OL].（2019-2-1）[2019-10-3].http://open.163.com/newview/movie/free?pid=MABELRHNL&mid=MABH76MH2.

⑤哈佛大学公开课 . 自尊与自我实现 [EB/OL].（2006-1-5）[2019-11-3]. http://open.163.com/newview/movie/free?pid=M6HV755O6&mid=M6I43G2LN.

# 第二节　大学生自我意识

**【基础知识】**

## 一、大学生自我意识的特点

### （一）自我同一性开始构建，但发展水平有限

自我同一性的发展是青年期最主要的任务。自我同一性表达的是“我是谁”“我的价值”“我的理想”的一种稳定的意识。在心理学家看来，自我意识从产生到形成经历了很多年。通常来说，个体大约在青年的中后期才可能形成成熟稳定的自我意识。个体在大学时期自我同一性就开始构建并快速地发展，但是成型的过程并非一蹴而就的。特别是目前，经济社会的发展及多种文化的碰撞造成了价值观的冲突。因此，大学生群体即使已经有了相对清晰的个人价值观、生活的目标、发展方向和人生意义，也有了自我的发展动力，但通过调查结果可以看出，大学生们的自我发展水平有限，特别是在人生发展、社会自我、社会责任等方面需加大培养力度。自我意识的矛盾性，使大学生群体对自我的认知肯定或否定，自我同一性开始建构但没有发展到整合统一的阶段。

### （二）自我意识渐趋分化，心理矛盾更加突出

处于大学时期的学生已经能够逐渐根据自己不一样的社会角色产生不同的自我概念，渐渐明白在不同的场合可以分化出不同的角色。然而大学生自我意识的变化还未达成完全的一致性，有很多矛盾之处。“大

学生自我意识的成长是矛盾分化和统一的过程。在这一进程中存在一些障碍、偏差和失误。如过分的自我接纳和自我拒绝，过度的自卑感或自尊心，从众心理或自我中心过强，过分的独立意识和逆反心理。”

大学生的自我意识矛盾有这样以下五方面。

孤独感与强烈的交往需要的矛盾

- 一方面与父母、师长的交往产生距离，急于在同龄人当中寻求可以倾诉的知心人。
- 另一方面，大学生自尊心强，个人秘密和思想情感不愿意透露给他人。

独立性与依赖性的矛盾

- 生理和心理的成熟致使他们渴望独立，渴望独立地面对生活、学习、工作中遇到的问题。
- 实际的情况是，大学生生活在校园中，社会资源匮乏，社会经验尚浅，导致遇到问题的时候依然想着父母、师长来帮助解决问题，替自己分忧。

求知欲强和识别力低的矛盾。

- 大学生有较强的求知欲，但是辨别能力较低。
- 大学阶段总是按自己的想法去理解，不愿去询问他人，就导致大学生在汲取知识时可能会瑕瑜不分。

理智与情感的矛盾

- 大学生的情绪、情感波动大，易冲动。
- 随着认知水平的提高，大学生会渐渐成熟。但相对而言，大学时期更不善于处理理智与情感之间的关系。

幻想与现实的矛盾

- 也可称为理想我与现实我的矛盾。
- 大学生“理想中的我”和“现实中的我”存在差距，差距越大，引发心理问题的可能性越大。

### （三）自我认知比较强烈，自我调控能力较低

处于大学时期的学生群体在自我认知上是相对全面、比较客观的，然而他们的自我调控能力相对较弱。迈入大学后，伴随着年龄和社会阅历的增长，大学生自我调控的能力增加，开始更多地用社会性标准来要求自己。在自觉性方面，大学生的自控能力发展较快，然而在自制力和坚持力上，就会发展得较为缓慢些、薄弱些。因此，大学生的坚持性仍有待提高。

## 二、自我意识与积极心态

### （一）增进社会适应，改善人际关系

众多的心理学实践表明，很多人的自我意识不正确或不健全会导致自己人际关系不协调及社会适应不良。假如某个人对生理上的自我、心理上的自我和社会中的自我体验和认识不充分不正确，特别是在自我概念及自我评价上与客观现实相差太大时，就会导致自己无法改善人际关系，从而对自己的心理健康产生不利影响。正确的自我意识通过正确的自我评价产生合理的理想自我，并且通过正确认识自己与他人、个体与群体双方不同的地位和需要，采取不同的策略，主动调节人际关系。对己、对人能够知己知彼，从而保持良好的社会适应和人际关系，维护心理健康。

### （二）促进自我实现，创造最佳心理质量

健康全面的自我意识通过良好的自我体验、正确的自我认知、主动的自我控制和调节来推动自我实现，能在最大程度上挖掘自我心理的潜力。依照著名社会心理学家马斯洛的观点，自我实现是心理最健康和心理质量最佳的标志。

### （三）有助于自我教育和自我完善

当现实世界中，自我和理想状态的自我无法统一或者在实现理想状态自我的过程中遭遇困难时，能做到自我反省并自觉寻找其中原因的往往是拥有健全的自我意识的人。形成健康全面的自我意识，一方面，需要我们通过自我控制、调节来调整心理偏差，尽量缩小理想自我与现实自我的差距；另一方面，需要我们重新调节认知，产生不一样的“理想

自我”，让自己的内心和行为社会化、个体化的平衡协调地完善发展。

## 三、大学生自我意识的培养

### （一）多视角认识自我

1. 通过不断地自我反思来认识自我

孔子曰：“吾日三省吾身。”在日常生活中，可以养成反省检查自己的行为和动机的习惯。反思自己在行为过程中的缺失与不足，每一个不足对结果的影响又是如何，从中又获得了什么经验，以此对自己未来的行为进行调整。没有自我反省就无法实现自我完善。

2. 通过他人的认识和评价来认识自我

我们在与别人交往的过程中，可以获得他人对我们的能力、性格、品质等方面的清晰反馈，进而增加对自我的认识。个体可以通过他人对自己的态度、期望、评价来进一步认识自己并不断完善对自我的认知，同时也在这个过程中去接受别人对于自己的评价与建议。一个人的自我评价与他人对自己的评价越接近，就说明这个人的自我认识越全面越客观。

当下的大学生普遍存在的问题是内心十分在意他人对自己的评价，却通常难以用正确的态度去面对它。当出现负面评价时，大学生很容易出现自我否定和自卑感；当出现正面评价时，大学生又可能感觉飘飘然而过高地评估自己的能力。在通过别人对自己的评价这一方式来认识自己时，我们要特别注意到防止上述情况的发生，要汲取更全面的评价来客观、综合地了解自己在他人心目中的整体形象，用以参考完善对自己的认识。

3. 在与人的比较中认识自我

每个人都是独立的个体，与此同时，我们又需要依靠群体来生存。通过和身边平凡的人来比较，我们可以了解到自己的真实水平；通过与周围优秀的人来比较，我们能找到自身的差距和前进的方向。选取恰当的参照人物，合理地比较，正确地评估自我。不过分看轻自己，也不自高自大，瞧不起他人。同时，自己要成为自己的参照系，如果能学会自己跟自己比较，确立合适的目标，并且不满于现有的成绩，就能超越现在的自己，能给自己激励和动力。

### （二）积极悦纳自我

（1）理智地看待自己的优点、缺点

我们都明白，每一个个体既有缺点也有优点。善于寻找发掘自己的闪光点是非常关键的能力，即便失败了，也要提醒自己的优点比缺点多。当感觉到成功的喜悦，自己有些得意忘形的时候，也要记得从中总结需要改进的薄弱环节。不论是优点还是缺点，我们要做到既不放大也不忽视，这才是理智地接纳自我。

（2）正确地对待自己的短板

一个人的短板，通常可以分为两种：一种是习得型的，这种通过努力是可以改进的，如大学生在生活、学习中习得或养成的不良习惯。另一种是先天型的，通常这种先天型的缺陷是没有办法改变的，如身高较矮、先天性疾病等。对那些能够改正的短板，我们应果断地、主动地改正，通过持之以恒地努力改进自己的缺点。而对于无法改变的缺点，则要勇敢地面对、包容与接受，这才是正确对待短板的态度。

（3）勇敢面对失败

俗话说，失败是成功之母。每个人在成长过程中都会有成功，但肯定也会有失败。有些学生在胜利时无法克制地狂喜，在受挫时却像掉入了谷底，不停地贬低自己，萎靡不振，自此失去了自信心，逐渐成为自卑的人。然而，我们必须深刻意识到，一时的成功不代表永远成功，失败亦是如此。大学生在生活、学习过程中，碰到任何失败的情况，都应该积极面对、坚强度过。

### （三）科学塑造自我

1. 合理确立理想自我

设立符合现实的理想抱负，建立恰当的理想自我。在全面认识自我之后，制定符合自己、适合自己能力的、需要定向改变才能达到的目标。设立目标的时候，我们应依据现实情况，从自身的知识文化水平、办事能力大小、平日的生活经验等方面着手，制定一个可以通过自己的努力切实达到的目标。只有合理的目标才能真正激励人前行。

对理想自我定位过低——较易实现目标，但容易失去进取心，并且没有获得成功带来的成就感。

对理想自我定位过高——不太容易实现目标，反而会挫伤自己的锐气，削弱自信心，使焦虑情绪上升。

2. 培养坚韧的意志

在我们朝目标努力前进的过程中，诱惑和欲望总是会出现，影响我们自我意识的完善。特别是大学生群体，他们通常自我调节能力较差，面对诸多诱惑，一旦偏离轨道，往往前功尽弃。所以大学生要提高自己抵挡诱惑的能力，始终管理和约束自己的行为。唯有意志力强大的人，才会有良好的自觉性与执行力。在日常生活中，我们可以通过各类颇具挑战性的、可锻炼意志力的训练活动，如马拉松比赛等，来磨炼自己的毅力，培养坚持不懈的精神。

3. 努力提高实现自我

在目标明确的前提下，自我教育是自我完善的核心步骤。在这一步骤中，大学生不仅要重视自己的个人发展，还应该在实践过程中不断学习，从榜样的力量中汲取营养，主动地服务社会，感悟为国家和人民做贡献的意义，体悟人生的价值。在学习和奉献中不断自我完善，使自己成为拥有正确自我意识和健康身心的新时代大学生。

## 【训练活动】

### 一、暖身阶段

**活动一**　大风吹

活动目的：提高活动兴趣，打破人际壁垒。

活动道具：椅子若干。

活动时间：5 分钟。

活动程序：

①所有人围成一个圆圈，培训师站在团体中说："大风吹。"旁人问："吹什么？"如果培训师说："吹穿红衣服的人。"那么所有穿红衣服

人就必须离开位子重新寻找位子。

②如果说："小风吹。"就反着进行。

③如果说："台风吹。"则所有人都需要离开位子重新寻找。

注意事项：

①事前提醒着运动装，注意跑动的安全。

②强调遵守游戏规则，尽量让所有学生大范围地挪动座位。

③此活动尤其注意活动的对象要醒目，让学生没有疑问，活动前需要认真观察学生的典型特征，如可以让戴眼镜的同学动，还要留意边缘生，就是不配合的同学，让周围同学将他们带动起来。

## 二、转化阶段

### 活动二　无家可归

活动目的：破冰活动，让参与者体验团队归属感，满足"归属与爱"的需要，在安全的团队中，达成认识积极自我的目的。

活动道具：无。

活动时间：15 分钟。

活动程序：

①宣布规则。如女生代表"1"，男生代表"0.5"。要求按培训师要求数值随机组合；此活动要根据男女生的比例来规定数字，如果男生少则让男生代表"1"，反之亦然。

②分成 3 小组，并确定组长、组名、组歌等团队文化元素，并把小组的名字写在白板上。

注意事项：

组合分配时，尽量注意男女生的搭配。

活动分享：让成员分享进入团队或出团队的真实感受。

## 三、工作阶段

### 活动三　我是谁

活动目的：

①让成员做到了解自己、关心别人；建立自信，探求自身的潜能。

②定性测量自我概念。

活动道具：若干纸和笔。

活动时间：25 分钟。

活动程序：

①问 15 个你是谁，请你将头脑中浮现出来的答案写下来。

②结果分析，此部分要小组成员内部分析。

活动分享：让各组成员出代表与全体成员分享自己小组的感受，为了活跃气氛，期间每位成员发言完毕给掌声或者爱的鼓励。

活动总结：教师发言，指出正确认识自我的意义。教师总结的时候只是提炼学生的感受，在小组讨论的时候教师可提醒从哪些方面做考虑，为自己所要达到的目标设计问题。

注意事项：

①告诉成员这些句子是为自己而不是为别人的。

②按照自己思考时的顺序来写，不必考虑其中的重要性和逻辑关系。

**活动四　拥有与丧失**

活动目的：澄清个人价值观，在丧失联系中更懂得珍惜拥有。

活动道具：事先印好的联系表，若干支笔。

活动时间：30 分钟。

活动程序：

①每人发一张练习用纸，请成员想一想个人生活中什么最重要，依次写下，并思考为什么这样写。

②请成员逐一删除，每删一项，就交流一遍。

③组内交流分享。

注意事项：

①创作时间要充分。

②强调用心去考虑写的内容。

③得出结论的时候要配有音乐“感恩的心”。

## 四、结束阶段

**活动五** 收获糖弹

活动目的：

①通过给予赞美发现他人的长处，取长补短。

②通过接受赞美发现自己的优点，扬长避短。

活动道具：漂亮的彩纸、笔。

活动时间：15 分钟。

活动程序：

①学生根据需要领取多“糖弹”的漂亮纸。5 分钟内，对班内同学尽可能多的赞美，写在纸上。

②把“糖弹”送给想要赞美的人，直到把手中的“糖弹”全部送完，才能打开自己收到的“糖弹”。

③小组内，将自己收到的“糖弹”读出来。掌声或爱的鼓励。

活动分享：收获糖弹时的心情如何？

注意事项：

①培训师要关注可能收到较少或根本没有“糖弹”的学生。培训师要事前准备“糖弹”备用。

②发射“糖弹”时一定要有目光的交流和真诚的回应。

③尾声：轻柔体操。请学生排成两排，后排的同学为前排同学揉肩、敲背。然后互换位置，相互问好。手拉手，相互道谢。

此活动主要是让小组成员放松，因为整个活动中运动的时间太少，需要动脑子写的东西太多，比较沉闷。整个活动过程要用话筒，适当的时候配有合适的音乐。

### 【训练小结】

通过以上活动，你是不是对于“我是谁”这样的问题有了更加清晰的答案了？也在自己的认识和他人的认识中有了关于你的一幅画像？接下来，你要思考如何发扬自己的长处，避免自己性格中的劣势，接受他人对自己的善意，并将自己对他人的善意和关心表达出来，更好地和自己相处、和他人相处。

培训师反馈：在班团建设中运用了以上活动。在活动过程中，能感觉到学生开始静下来思考，反复琢磨关于“自己”这个熟悉又陌生的对象，思考人生的意义，以及未来的方向。3个活动结束后，班级里氛围更加轻松活泼，每位同学都加深了对彼此的了解，对之后其他活动的开展有着十分积极的作用。

学生感言1：体会最深的是“拥有与丧失”。发现自己想要的东西其实很多，还是没有找到自己内心最本真的需要和渴望。当看着一个个我认为重要的东西从清单中去掉后，我的心里没有在为那些惋惜，而是更加专注地看到最后留下来的那个。而当活动结束，我更开心了，发现自己拥有的其实已经很多了，内心充满了满足和感恩。

学生感言2：作为班长，我本以为自己对每个同学都十分了解。但在活动过程中我发现，其实他们还有很多不为人知的优点和爱好，这让我以后在班级中组织、安排活动时能更好地考虑每一个同学的特点。另外还有一点没想到的是，同学们给了我很好的评价，让我在未来的班级工作和自己的学习中更有动力和信心了。

## 【训后总结】

王凡同学通过“我是谁”的活动，了解了在身边的室友、曾经社团的朋友眼中的自己，了解了自我的片面和不足。在老师的帮助下，找到了自己困惑的根源，意识到了自己的缺点，同时也收获了他人对自己优点的肯定。基于对自我逐渐清晰的认识，他也找到了自己的兴趣点，找到了自己未来想要发展的方向，结合目前的形式，他确立了一个短期的目标，相信他的自信与意志力会成为他自我实现的好帮手。

# 第三章　积极心态之环境适应训练

## 【训练导言】

适应不断变化的环境贯穿人一生的发展。对于大学生而言，从高中步入大学和从大学踏入社会，是人生的两个重大转折。在这两个重大转折过程中，大学生必须面临诸多环境的变化。刚刚进入大学时，新的生活环境、新的学习方式、新的人际关系，一系列的重大环境改变随着大学生活的开始扑面而来。临近毕业时，大学生又会因实习、求职、考研、出国等面临新的环境变化。因此，如何在短时间内适应环境变化是摆在所有大学生面前的一个重要课题，也是大学生领导力发展的基本要求。

本章内容将有助于大学生更好地了解环境适应常识和大学阶段面临的常见环境适应问题，并通过团体训练活动，提高学生适应环境的能力。

## 【训练目标】

认知目标：

①掌握环境适应的基本理论，包括适应的概念、本质、过程等。

②了解大学生环境适应的特点、常见适应问题及训练方法。

能力目标：

①通过理论学习，增强环境适应意识，形成正确的环境适应观。

②认清自身在环境适应中的不足和问题，找到适合自己的训练方法。

③通过团体训练活动，提高环境适应能力。

## 【训练案例】

### 案例基本情况

小李，女，大一学生，来自某省的一座小城，以优异的成绩考入上海某高校。带着好奇与憧憬，小李进入大学校园。随着军训结束，新生开始正式上课。但不久之后，她就被诸多的烦心事搅得心神不宁。首先影响到自己情绪的是大学的宿舍环境。小李进入大学前从未住过集体宿舍，家里规定晚上11：00前必须睡觉，而且睡觉期间环境安静，无人打扰。来到大学后，一下子六个人一间宿舍，小李觉得非常拥挤，没有自己的独立空间。学习方面，因为高中很少训练英语听说的原故，小李听课非常吃力，且无法用英语自如地回答问题。在班干竞选和社团招新时，小李突然发现，自己好像没什么优势和特长。这让她原有的自信心受到打击。另外，与高中相比，大学的自由支配时间非常多，她一下子有点无所适从，不知道这么多空闲时间该干点什么。看到身边同学开心的身影，小李的情绪很差。但她找不到一个适合的人聊一聊，也不想告诉父母，怕他们担心。在迷茫与不安中，很快半学期过去了。小李知道，继续这样下去只会越来越糟糕。开学两个多月后的一天，她终于鼓足勇气拨打了学校心理咨询中心的预约电话，最终经过老师的心理疏导，逐渐适应了现在的生活。

案例分析和启示：环境适应是大学生保持积极心态的基本特征，也是心理健康的重要表现。大学生在进入大学校园后常常会面临环境适应问题。新的生活环境、新的学习方式、新的人际关系都会给学生带来压力。像小李一样遇到环境适应问题后该如何应对，怎样通过训练提前做好准备工作，更好、更快地适应新环境，是本章将要与大家共同探讨的话题。

# 第一节　环境适应

## 【基础知识】

### 一、环境适应的概念

环境是一个复杂的概念，可以从多重维度来解释。一般意义上的“环境”是相对于某一事物来说的，指围绕着某一事物并对该事物产生某些影响的所有外界事物，即环境是指相对并相关于某项中心事物的周围事物。

环境可以分为社会环境和自然环境，在这里我们主要讨论的是社会环境。社会环境指的是人们的社会制度等上层建筑条件，具体包含了社会的经济基础、城乡结构及与各种社会制度相适应的政治、法律、宗教、艺术、哲学观念与机构等。

“适应”这一概念来自生物学，之后被运用于心理学、生物学、社会学等领域。心理学家艾夫考曾提出，适应是个体与环境的互动关系。这种互动关系包括了两层含义：一是个体在自然环境和社会环境中的一种适应；二是在这个基础上，个体可以根据外界环境的变化调整自身及自身与环境的关系，让自己与环境相协调，从而有利于自身的发展。个体可通过不断地调整自我身心状态，使身体和心理与外界环境保持和谐相容，进而达成了解环境、发展自我和改造环境的目的。

林崇德等人主编的《心理学大辞典》将适应定义为：“个体在生活环境中，在随环境的限制或变化而改变、调节自身的同时，又反作用于环境的一种交互互动的动态过程。个体通过这一过程达到与环境之间和谐平衡状态。”从上述定义可以看出，适应总是因个体所处环境的变化而引发，这种心理和行为上的变化是个体为了与环境取得和谐关系而产生的。

## 二、环境适应的分类

关于环境适应的类型，有很多不同的分类标准。依据适应对象分类，可以把它分为对社会环境的适应和对自然环境的适应两大类。从心理学角度出发，对环境的适应强调的主要是对社会环境的适应。对社会逐渐适应的过程也是个人社会化的过程，即个体为适应当下及将来的社会生活，在实践过程中以学习的方式获取符合社会要求的特定的技能、知识、价值观、习惯、态度、理想和行为模式，成长为具有独立、特别的人格的社会成员并且履行其社会职责的过程。个人可以依据环境的变化而变化，调整自己的生存状况。这是个人与不同的环境因素连续不断地互相影响而相互作用的过程。

社会适应包括了 3 个基础组成部分：主体、情境和改变。

①主体：社会适应的主体在适应中起主导作用，适应过程受主体自我意识的支配，并借助自我监控系统的作用来实现。

②情境：情境是适应产生的原因，通过与个体相互作用，不仅对个体提出了社会的要求，而且也是个体实现自己需要的来源。

③改变：改变是社会适应的结果，不仅包括个体改变自己以适应环境，还包括个体改变环境使之适合自己的需要。

依据社会适应进行过程中有无有意识的参与还可以将其分为有意识的适应和无意识的适应。

①无意识适应：无意识适应是主体在无须主观付出努力的情况下，对环境变化做出的反应，在不知不觉中使内外环境重新恢复平衡的心理过程。

②有意识适应：有意识适应是主体通过自我调节系统对外界环境变化做出有效反应，并充分发挥自身潜能，使内外环境重新恢复平衡的心理过程。

无意识适应是对环境的一种自发性适应，如远离家乡去外地求学，毕业以后长时间在外地生活，在和其他人接触的过程中，自发地接触并学习方言和新的风俗习惯。除此之外，个人在遭遇心理上的挫折后会启动自我防御机制来减轻压力，心理状态逐渐恢复平衡的过程也会体现出无意识适应；而有意识的适应具有更显著的积极性。同样长期在异地生活，如因工作或生活需要，努力学习当地方言和风俗习惯，以求尽快融入社会，这是有意识适应的表现。在人一生的发展中，这两种适应都会同时存在。但相对而言，伴随着个人心理的成熟和思维水准的提高，有意识适应所起到的作用会越来越大并慢慢占据主导地位。

除此之外，适应还包括其他的分类依据：比如，依据适应带来的效果可以分为积极适应和消极适应，依据适应表现出的方式可以分为外显适应和内隐适应。

①消极适应：消极适应是个体改变自己的行为或态度以适合外部环境的要求，这是一种基本的适应方式。

②积极适应：积极适应是个体充分发挥自身的主观能动性，尽最大可能去改变环境使之适合自己发展的需要，是一种更高级的适应方式。

在个体发展过程中，生存与发展之间关系密切，相辅相成。对个人来说，积极与消极这两种适应都有其重要的意义。个体发展的前提是生存，生存的目的又是发展。但通过个人适应环境能力所形成的过程来看，一般是先学会生存适应，然后才会朝着适应发展的方向前进。

①内隐适应：内隐适应是指在认知和情感上接受外部环境的变化，并愿意改变自身以求达到平衡状态。

②外显适应：外显适应是指在行为上能够符合外部环境要求，以求达到平衡状态，但不强求内心接受。

内隐适应是外显适应的基础，外显适应是内隐适应的外在表现。二者达成一致，则是真正的适应状态。但在某些情况下，也可能存在不一致的情况。 比如，新生刚入校时，对于大学生宿舍的熄灯、断网、限时出入等制度心存不满，然而受限于外部制约，即使内心并不愿意，在行动上仍表现出遵从规范。

## 三、环境适应的心理机制

人对环境的适应有两种方法：一是改变自己，二是改变环境。多数情况下，人需要对自己做出调整从而适应外部环境。完整的有机体的适应和人对环境的适应，既有区别也有着千丝万缕的联系。人类所做出的适应尽管也归于有机体的适应，但是它和动植物的适应是不同的。从适应的主体看，人类属于社会性动物，社会性是人的本质属性。从适应的对象看，人不仅需要与自然环境及自然环境的变化相适应，还必须与社会环境及社会环境的变化相适应。从适应过程和适应行为看，人在适应环境的过程中自主性、能动性和创造性会加强。也就是说，在适应的过程中，人是可以发挥自己的主观能动性的，人可以在充分认识环境的基础上使环境得到优化，从而使二者达到协调平衡的理想状态。

著名儿童心理学家皮亚杰（Piaget）认为："环境和生物互相作用、互相影响的过程就是生物适应环境的过程；有机体不光要在生理上适应环境，还要在心理、认识水平上对客体存在适应的过程，并且这些适应的过程是生物上的延伸。"皮亚杰的发生认知论观点揭示了顺应和同化的平衡就是适应的内部机制。从这一理论来看，我们能够把适应当作适应主体对外界环境变化所做出的一系列自我调节的过程，这一过程的最终目的是重新适应新的环境变化。

然而，部分学者指出，仅用顺应与同化这两个过程来阐释适应过于简单，在解释社会适应中部分复杂的适应过程时需要做出更多的解释。适应的核心机制可划分为认知调节、态度转变以及行为选择 3 个部分。在这 3 个部分发挥作用的过程中，同化与顺应始终贯穿其中。我们可以通过图 3–1 说明这种动态关系。

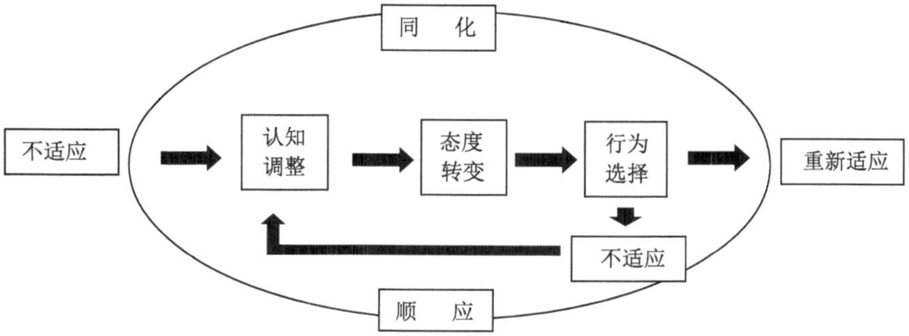


图 3–1 适应的机制

假如认知调节和态度转换所进行的行为方式对个人适应环境的过程起到了积极的作用，就表示顺应和同化这一进程基本达成均衡。这一行为就会稳定下来，渐渐变成稳固的态度倾向与行为习惯。相反，如果环境和主体之间依然有不相适应的状况，就意味着顺应和同化中还存在不平衡，这种情况下就应该再进行一次行为选择。所以，个人适应的过程务必经过动态的反复循环，才能达成顺应和同化均衡的状态，从而达到理想的效果。

【知识小结】

①适应是个体与环境的互动结果，个体通过适应过程达到与环境之间和谐平衡状态。

②根据适应对象不同可以将适应分为对自然环境的适应和对社会环境的适应两大类。从心理学角度而言，更强调对社会环境的适应。

③适应的内部机制可表述为认知调节、态度转变以及行为选择 3 个过程。在这一过程中，同化与顺应这两种调节方式始终在发挥着作用。

【知识拓展】

①皮亚杰 . 发生认识论原理 [M]. 商务印书馆，1985.

②贾晓波 . 心理适应的本质与机制 [J]. 天津师范大学学报（社会科学版），2001.

## 第二节　大学生环境适应

【基础知识】

### 一、环境适应对大学生的意义

“物竞天择，适者生存”是大自然中所有生命体的生存法则。对我们人类来说，人类生命过程中所处的社会环境和自然环境始终处于动态变化中。如何适应环境不仅仅是大学生所面临的问题，更是每个个体在生命历程中都需要面对和处理的人生课题。能够做到用乐观积极的态度去面对生活并且可以积极适应环境变化，在大部分时间能保持情绪稳定、乐观，是心理健康的重要条件。

人们生活节奏的加快和现代社会关系的复杂化使人们对社会环境适应的问题越来越多。正处在“心理断奶期”的大学生群体，因为生活环境、学习环境、人际环境的变化，经常会陷入困惑、迷茫、痛苦的状态。对大学生来说，他们的环境适应具有更加重要的意义。

**（一）环境适应有利于大学生成功完成角色转变，专注大学学业**

对于大学生，尤其是大学新生来说，适应环境的能力增强，有助于他们成功实现从中学到大学的转换，积极投入到大学的学习生活中。从高中到大学、从家乡到外地、从家庭生活到学校生活、从依靠到自立，大学新生所面临的环境变化是很大的：新的校园环境，新的老师和同窗，新的人际交往，新的学习方法，新的生活环境等。这些巨大的变化带给大学新生们许多不适应和很大的心理压力。在这样一个新环境中，大学新生们首先面对和亟须解决的问题是如何塑造一个崭新的自我形象，如何设立新的目标，如何构建新的人际关系，如何寻找新的学习方法以及如何开始新的自我管理。以上这些问题如果可以好好解决，他们就能较快地投入到新的学习生活中来。

**（二）环境适应有利于大学生拓展人际关系，提高沟通能力**

适应环境的过程其实就是大学生心理成熟的过程，其中很重要的一个方面就是人际环境的适应。与高中生相比，大学生群体与其他人交往的机会更多，交往的范围更大。学生干部工作及大量的社团活动既有助于大学生适应新的人际环境，也使得他们的沟通能力在这一过程中得到充分锻炼。因此，大学生人际交往能力的发展可以看作其环境适应与否的一个重要指标。

**（三）环境适应有利于大学生奠定终身发展的心理基础**

如果大学生在步入大学以后的适应时期内可以基本掌握适应周围环

境的方法，同时又能够拥有面对环境变化时的心理承受能力，那么当他们将来走出校门去接触更加宽广的社会时，就可以更快速地适应复杂的社会环境。在大学时期培养自己强大的环境适应能力可以有效减少未来环境适应的成本，有效缓冲在适应过程中的心理震荡，大大减少适应的时间。所以，大学新生的环境适应，不能仅仅就当下的环境适应来寻求方法，而是应该借此机会，通过学生们对大学新环境的适应，来寻求和锻炼适应环境变化的基础能力和方式方法，为学生们将来更好地适应更复杂的社会环境提供必要的技术支持和心理基础。

## 二、大学生环境适应的特点及常见问题

### （一）大学生环境适应的基本特点

西南交通大学公共管理学院教授王永杰等人曾对山东大学的一到四年级 2279 名大学生进行了大学生环境适应调查，发现了大学生在环境适应方面有以下三个特点。

1. 大学生环境适应水平随着年级的升高而提高

大学新生们在生活与学习环境变化的影响下，可能出现的主要心理问题是适应性心理障碍。根据调查数据显示，新生在环境适应方面的得分低于其他 3 个年级，尤其是与毕业班学生相比差距明显。吴连海副教授等人的研究也发现，大学生高年级学生比低年级学生适应性更强。除此之外，也有人曾经分析了军医大学不同年级的学生们的心理健康状况，并得到了相似的结论。

2. 男女大学生在环境适应上存在一定的性别差异

调查数据显示，女性大学生群体的心理健康状况普遍优于男性大学生。这种现象也许和中国文化中两性社会角色的差别有关，在我国的社会文化中，男性往往需要承担更大的压力。当然，也许是因为在平日的校园生活中，女性大学生比男性大学生在面对问题时更加积极并且会主动寻求他人的帮助，面对消极情绪也更容易宣泄。但也有其他研究结果证明，大学新生大体上的适应性能力水平在男女性别差异上不大。然而，男生在情绪适应上能力要高于女生，女生对大学的认可度要高于男生。

3. 大学生的适应性与其在大学生活中的表现有很大关联

大学生在学校担任职务，参加更多的社会活动，能够为更好地适应环境做准备。研究表明，大学生群体学习能力和自我效能感的大小存在显著的正相关；大学生的焦虑特质倾向越强，就越倾向于外控，他们的学习适应性也就越低。心理学博士赵志航等人研究了社团活动对大学生社会化程度大小的影响，结果表明，那些积极参加社团活动的大学生比未参与社团活动的大学生心理健康水平普遍更高。担任职务与获得荣誉称号的学生比没有担任职务和没有获得荣誉称号的学生，各方面的能力素质发展得更好，在德、智、体各方面也表现良好，因此他们也具备更好的适应性。

**（二）大学生环境适应的常见心理问题**

大学阶段是人生中环境变化显著的时期之一，相关研究显示，大学生群体普遍存在诸多适应性问题，大概分为以下五方面。

1. 生活适应困难

宽松自由的大学环境使大学生们完全体会到了脱离老师和父母的约束之后的自由。然而，从另一个角度来看，部分大学生从小到大获得了父母无微不至的关爱，对家庭环境的依赖性较大，自理能力差，并且缺少一定的自信和生活经验。进入大学后，生活的方方面面都需要自己独立去承担，这对于自理能力差、缺少独立生活经验的大学生来说无疑是一大挑战，常常因此感到力不从心、焦虑不安。

此外，步入大学生活之初，许多学生远离了家乡，他们需要面对语言、饮食等方面的巨大变化。对于跨南北区域的学生，他们会感受全新的区域文化和城市环境，这些对他们而言无疑是再社会化的过程。

2. 理想目标适应困难

每个人都有自己的理想，对于大学生而言，进入大学是实现理想的关键一步。为了实现理想，我们在不同的人生阶段需要设立不同的目标。大部分新生在伴随着对校园环境和学习生活的逐渐适应和熟悉后，最初步入大学时的新鲜感就会慢慢消失，与此同时迎来的是一种说不出的无聊和空虚。这种情况存在的原因是大学生已经完全脱离了高考的压迫。

相对于高中来说，大学的生活和学习环境更加宽松自由。在这样的状况下，假如他们没能重新设立新的奋斗目标，很可能会产生“理想真空期”，进而产生内心的失落感。

3. 自我认知适应困难

大学生处在同一性人格化形成的关键时期，自我意识快速发展，在这一时期，他们渴望上进，具备了更高的理想追求，同时也期望建立良好的人际关系。然而，部分大学生因为在初中和高中阶段在全班甚至整个年级都是学生中的佼佼者，而自我感觉良好。成为大学生后，在和周围来自全国各地的优秀学生比较后，他们发现很多同学在学习成绩、个人能力、技能特长等方面或多或少比自己强，自己身上还有很多需要提升的地方，于是之前的优越感荡然无存。部分同学甚至开始怀疑自己的真实能力，出现了一定程度的自卑情绪和失落感，在自我认知上有了偏差。当学习和生活中遇到一些挫折时，他们常常没有办法正面面对现实，从而选择逃避或者产生失望、悲观、忌妒、埋怨等消极态度和行为。

4. 学习适应困难

学习不适应是大学生遇到的最普遍的问题。在高中时期，学生们接受的教学内容都是围绕高考展开的，教学方式上以灌输式教育为主，学生的学习过程比较被动，主要依靠老师的安排。步入大学后，学生的学习环境、学习方法、听课方式等发生了很大的变化，对学生的思考能力、学习能力以及创新能力提出了新的要求。不少大一学生对大学学习过程中的启发式、提纲式、案例分析等教学方式很不习惯。大学新生如果无法很好地适应大学的教学和考试方式，可能会产生焦虑和恐惧情绪，更有可能会影响到自己正常的学习和生活。加上进入大学后一下子失去了父母与老师的监督，一些大学生出现了失去学习目标，学习动力不足的现象，从而导致他们出现学习效率低、有厌学情绪、考试焦虑等学习适应困难的现象。

5. 人际关系适应困难

进入新的学习环境后，大学生普遍面临着人际关系的变迁与重新构建。重组人际关系需要重新认识和了解他人，因此人际关系的改变给个体带来了较大的心理压力。成为大学生后，与高中很大的不同表现在分数已经不再是唯一的追求目标，学生们可以有更多的精力从书本中抬起头来去关注自己的人际关系。大学时期的自己比高中时期的自己思考的内容更加丰富，同时更在意人际交往过程中的细节。来自天南海北的同学和室友、不同专业的老乡、各种各样的社团组织，让大学生的人际交往环境变得复杂又多样，这些都对新生的心理和行为提出了严峻的考验。对于一些原本就缺乏社交能力的学生，在他们步入崭新的大学环境后，可能会暴露出新的人际交往问题，或者使以前出现的人际交往问题更严重，从而导致自卑情绪的产生和社交退缩。也有一部分学生把以往高中阶段的交往经验带入大学，在出现人际冲突与矛盾后缺乏实际的应对能力。

### （三）影响大学生环境适应的因素

1. 家庭因素

家庭是影响大学新生环境适应的重要外部因素。国内外的大量研究证实，亲子依恋关系、家庭教养方式、父母间的夫妻关系、家庭结构及家庭经济状况等方面都会在不同程度上影响大学新生的环境适应。总体而言，良好的亲子关系及父母间和谐的夫妻关系均有利于大学新生更好的心理适应。例如，国外有研究证明，大一新生能否和自己父母的积极互动与自己的大学适应直接相关。国内也有研究表明，来自父母的关爱对大学生社会适应起到明显的正向预测的作用，但父亲过度的爱护和母亲过分的干预会对大学生社会适应起到明显的负向预测作用。在家庭经济状况方面，家庭经济条件差的大学生，其适应能力反而更强。

2. 个体因素

大学生对情绪的调节能力、人格特征等是影响其环境适应的内部因素。情绪调控能力指个体对自己情绪的理解和调节能力。国内外研究表明，情绪调控能力与适应密切相关或有显著预测作用。人格特征因素也会在很大程度上影响大学生的社会适应。国内相关的研究表明，大学生社会适应和五大人格有很多联系，其中宜人性、外向性、开放性和谨慎性与大学生社会适应呈正相关，神经质与大学生社会适应呈负相关。

3. 教育因素

教育是影响大学新生心理适应的另一个重要外部因素。高中教育更倾向于如何提高升学率，而大学关注更多的是如何招收到高素质的学生。部分高中生上了大学以后出现很多困扰，从浅层次上来看，是大学新生的适应问题，但更深层次的缘由是高中教育与大学教育的过渡问题。如果高中教育能够与大学教育做好衔接工作，对即将毕业的高中生和新入校的大学生进行引导和适应性教育，将会大大减少大一新生对新环境的不适，从而减少因环境变化带来的诸多适应问题。

## 三、大学生环境适应的培养

### （一）大学生环境适应自我训练策略

1. 主动熟悉新生活

进入大学后，面对陌生的环境和诸多变化，大学生应消除依赖思想，积极面对全新生活，主动了解校园、周边社区乃至所在城市的生活环境和学校的机构设置与功能。同时，学生应认真学习学校的各项规章制度和具体措施，明确自己该做什么、不该做什么以及怎么做，为接下来的学习生活做好充分的准备。

2. 合理确立新目标

我们在成长过程中不能失去理想和目标。确立了明确奋斗目标的人，才会有动力和充实感。高中生的奋斗目标通常都很明确，即考大学。但许多大学生在上了大学后没有了具体的目标加以引导，再加上大学教学的管理比较松散，学生可以自由支配的时间比较充足。这种情况下，学生很容易在入校的最初阶段放纵自己，从而心生迷茫，迷失方向。因此大学生入校后，首先需要问自己“我为什么来到大学”“我希望在大学期间有什么样的发展”。这将有助于学生建立新的目标意识。在确立发展目标的过程中，应该将短期目标与长期目标相结合，并考虑实现目标计划的可操作性。

3. 正确评价自我

许多学生在进入大学前可能是高中班级中的优秀学生。入校后，面对来自全国各地的佼佼者，容易产生心理落差，导致学习压力增大，产生自卑和焦虑感。这需要大学生对自我有一个客观的评价，了解自身的优点，同时也要看清自身不足，并悦纳自我。进入大学是崭新的开始，对学生而言，需要有一种“归零”的想法，即重新站在起跑线上。无论高中成绩和表现如何，都已是过去时。只有这样，才能重新接纳新的领域和视野，才会有进步的动力，才能拓展人生新境界。

4. 科学规划学习

在大学的环境适应中，学习适应是重要的一关。与高中相比，大学阶段的学习自主性强、内容量大、创新性要求高。面对这些不同，有些学生心理准备不足，导致不知所措；有些学生则是思想上不够重视，主观松懈。这些都会导致学习上的不适应，影响学业。因此，从进入大学开始，学生就应该科学规划学习，调整自己，积极适应全新的学习方法与模式。应当采取的具体措施包括：通过了解本学校的历史沿革及自己本专业的介绍，增加对学校和专业的认识，提升对学校和专业的满意度，建立对未来的发展信心；上课时认真听课，认认真真完成作业和任务；课后广泛阅读，有计划地拓展专业知识；善于思考，积极提出自己的主张和观点；主动接触高年级同学，虚心请教学习等。

5. 增进人际沟通

原有人际关系的维系和新的人际关系的建立是大学生社会环境适应中所面临的两方面问题。尤其是创建新的人际关系，对大学生更快、更好地适应新的生活学习环境有很重要的意义。具备了良好的人际关系，就能在日常生活中获得来自他人的支持，也就拥有了安全感和归属感。在人际沟通中，应该坚持真诚、宽容、平等的待人原则。要有一双善于发现别人优点的眼睛，并且多欣赏、多赞美别人，遇到矛盾不合的时候也不要一直批评、指责对方。如果一定要批评别人，也要注意技巧，可以先表扬，再委婉指出对方的错误或不足。人际交往中需要把握好交往的方向及交往的深度和广度等问题，一言一行都要心中有数。随着年龄的增长，大学生可将视野从校园逐步移向社会，通过积极地参与志愿服务活动等有利于培养自己人际交往能力的社会实践活动，来更加深入地了解社会、了解人际交往，在实践中锻炼自己和各种各样的人沟通交流的能力。

**（二）大学生环境适应团体心理辅导**

团体心理辅导指的是在团体带领者的指引下，通过成员之间的情绪、心理、行为等相互影响和作用，来满足成员之间心理与行为需求的一种心理辅导方式。在团体心理辅导活动中，团体成员之间的接纳、认可和尊重可以使团体成员产生团体归属感，从而增加团体成员的自尊心及自我认同感。心理学相关研究表明，团体对人的发展能够产生重要的影响。在团体中人的情感和需要能够被满足，尤其是当人遇到挫折，感到无助时，团体往往能够发挥重要的作用。正因为此，团体心理辅导也成为大学生环境适应培养的一种重要方式，它有助于大学生更快地适应陌生环境，帮助他们建立良好的人际关系，更好认识自我，提高合作能力，积极地面对未来。

1. 通过团体心理辅导帮助大学生熟悉环境，建立良好的人际关系

融入新环境、拥有良好的人际关系是大学生适应大学生活的重要组成部分。在建立有品质的人际关系方面，大学生有着相同的内心需要和心理目标。团体心理辅导的过程中，学生通过参与活动锻炼人际交往的能力，使拥有各种不同的性格特征的大学生可以在愉悦活泼的氛围中学习人际交往的技巧。在团体心理辅导轻松愉悦的环境中，外向、主动的学生可以通过自我表达来缓解压力；而内向、不善表达的学生则可以通过倾听别人的心理感受来获得心理抚慰，缓解自卑、孤独感等负面情绪。他们同时也可以观察并学习其他人的人际交往技巧，提高人际交往能力。

2. 团体心理辅导有助于大学生更好地悦纳自我，确立新的自我认知

团体心理辅导可以帮助其成员通过互动与交流活动的方法观察其他成员在相同环境下的应对方式，了解其他成员对自己的看法，实现自我认知的完善，强化对自身优点的认同。在与团体其他成员的对比中，也能够发现自我认知中的问题与矛盾，进一步看清自身的不足。例如，利

用“角色扮演”“心理剧”等方法让学生掌握如何换角度思考问题；通过“为自己写信”“互写评价”等方式拉近“现实我”和“理想我”的距离，产生正向的自我概念，并更加理性、客观地悦纳自我。

3. 团体心理辅导有助于大学生具备合作意识，提高团队合作能力

团体心理辅导为其成员提供了一个微型社会模式，从而达到成员之间建立真实的社会互动关系的效果。由于团体心理活动具有较高的真实社会模拟度，因此，团体心理辅导的效果非常容易迁移到社会生活中，这将有助于其成员提高环境适应的能力，更快融入新的生活学习之中。

## 【训练活动】

### 一、暖身阶段

**活动一** 见到你，我真高兴

活动目的：活跃气氛，促进团队成员更快地适应陌生环境，使彼此更好地熟悉了解。

活动道具：无。

活动时间：10 分钟。

活动程序：

①任意两人见面后，说：“见到你，我真高兴！我是 × × ×”，然后“剪刀、石头、布”。输者，将手搭到赢家肩上，进行接龙，各龙头再继续猜拳接龙。

②全体成员围成大圈。

③进行信任坐，增进接触与交流。

注意事项：

①事前要说明自我介绍时，声音、语气的要求。

②说明接龙的规则，要求男女生混合搭配。

## 二、转化阶段

### 活动二　寻找归属

活动目的：

①分组。

②在陌生环境中寻找“同类人”。

活动道具：准备红、蓝、黄3张彩纸，大版画纸3张、双面胶3卷，彩色笔三套。

活动时间：20分钟。

活动程序：

①事先将完整的彩纸裁剪成与小组人数相近的不同形状。

②要求参与者任意选择自己喜欢的彩纸一片。

③要求参与者按照颜色组队。

④从色彩解读本小组成员的个性特征。

⑤用抽到的小纸片拼凑图形并小组展示，要求讨论出组长、组名、口号和造型。

注意事项：

①培训师必须事前对此次参加培训的具体人数、学院分布等情况有所了解。

②小组刚组建，注意引导小组团队文化的构建。

③注意引导大家要学会在陌生环境里快速找到同类人，这样更有利于适应环境，使工作更有效率。

活动分享：

①请各组组长谈其作为小组领导的感受，他们小组成员有什么特点，感觉合作起来是否有效率，活动过程中哪些是自己或小组成员需要改进的。

②再请各小组成员分别谈一下对组长发言内容的看法，哪些赞同，哪些有自己的想法。

③请每个小组谈一下对其他两小组的印象，以及与自己小组的不同之处。

附颜色与匹配性格：

•喜欢红色

喜欢红色的人是属于精力旺盛的行动派。不管花多少力气或代价也要满足自己的好奇心。你的态度，会感染你周围的朋友。但由于你缺乏耐性，常常稍微不顺自己的意，就会生气。不过，天生乐观的你并不会因为挫折而闷闷不乐，而是想办法当场解决。对于阻挡自己幸福的人，你则怀有很深的敌意。一旦有事情发生，你总是先怪罪别人，这点对你相当不利。如果你对别人能够以更宽容的心来对待，相信你的人气会更旺。

•喜欢蓝色

喜欢蓝色的人是个很有理性的人。面对问题常常临危不乱，在起冲突时总是默默将事情化解，等到该予以反击时，一定会以很漂亮的手段让人折服。乍看之下应该人缘不错，不过却不擅长与人交际，所以只和志同道合的朋友自组一个小团体，常因坚持崇高的信念而受人尊敬。绝对的坚持己见，你对旁人的意见欠缺采纳的雅量，所以与人意见不和时虽然表面上不会显露出任何不悦，但其实心里很介意。

•喜欢黄色

喜欢黄色的人富有高度的创造力及好奇心。关心社会问题甚于切身利益，喜欢追求崇高的理想，尤其热衷社会运动。相当自信而且学问渊博，你也引此为傲。看起来你好像社交家一样，其实内心很孤独。所以，你绝对不会背叛朋友，也绝对不做没有把握的事。

## 三、工作阶段

### 活动三　孤岛求生

活动目的：

①让学生在有限制的条件下完成任务，提醒其“在无法改变环境的时候只能想办法去适应环境”。

②培养学生在陌生环境中的沟通能力。

③训练学生在新环境中如何快速找到自己的定位，从而形成良好的团队执行力。

活动道具：

木平台、2块3米长木板、眼罩若干、任务卡片，3个小球，水桶。

活动时间：55分钟。

活动程序：

①请3个小组的组长出列，用“手指逃脱”游戏决定胜出1个小组，其有优先选择权。

②导师先介绍A、B、C 3个岛的行为规范。

A岛上的学生不受任何视听方面的限制，B岛上的学生需要戴上眼罩，C岛上的学生不能说话。

让各组长按优先权自行选择，将学生分别带到各自岛屿，并给B岛上的学生戴上眼罩。

③活动开始后向各组发出任务单，并告知其严格按照其岛屿属性完成任务单上的任务。

注意事项：

①活动中导师注意提醒各组遵守岛屿属性规则，强调一定要在限定条件下完成任务。

②注意提醒学生不要因拥挤而掉落，在板上行走的时候注意安全。

③活动结束后导师要注意总结，引导学生讨论活动的“目的”。

项目布置：

（1）A岛

任务：

①器械：1双筷子、1张报纸、1段胶带，要求利用这些器械使鸡蛋从高处落下而不碎，如图3-2所示。

②数学题：ABCDE×4=EDCDA。A、B、C、D、E各是几？

③利用一定的物理原理和器械，将所有的人及木板集中到一个岛上。

图3-2 A岛

规则：

①岛的周围是激流，任何人和物品一旦落水都将被冲到 B 岛。

②岛的四周是松软的沙地，受力过重可能会塌陷。

（2）C 岛

任务：

将所有的人及木板集中到 A 岛，如图 3-3 所示。

图 3-3 C 岛

规则：

①只有不能说话的学生可以协助带眼罩的学生移动。

②只有不能说话的学生可以移动木板。

③只有带眼罩完成了第一个任务后才能移动木板。

④岛的周围是激流，任何人和物品一旦落水都将被冲到 B 岛。

（3）B 岛

任务：

①将 3 个球投入水中的一个桶中，如图 3-4 所示。

②所有的人及木板集中到 A 岛。

图 3-4 B 岛

规则：

①第一个任务完成后才能离开 B 岛。

②岛的周围是激流，任何人和物品一旦落水都将被冲回 B 岛。

**活动分享：**

①在陌生环境中是否会不知所措？这个时候应该怎么做？

②是否意识到生活中经常会遇到与自己想法相左的规则？这个时候该怎么办？

③为什么要遵守规则？

④ 3 个岛各代表什么？

⑤高层、中层、基层员工（决策者、执行者、受众）各承担什么样的责任？

⑥工作中要善于抓重点，琐事对决策有什么样的影响？

⑦与别人沟通的方式有哪些？

⑧整个活动中，自己哪些地方做得好？哪些需要改进？

安全事项：

①选择平整的场地作为项目的培训场地。

②注意提醒学员不要因拥挤而掉落。

③在板上行走的时候注意安全。

## 四、结束阶段

**活动四** 互助按摩

活动目的：放松活动，让每个成员都能感受到在新的团队里的集体温暖。

活动道具：无。

活动时间：5 分钟。

活动程序：

①所有成员站成一圈，互相帮助前面的人按摩太阳穴、肩、背部放松，如图 3–5 所示。

②全体转身，交换按摩。

注意事项：

①提示大家在按摩的过程当中可互相进行交流，增进新团队间的感情。

②强调男女混合搭配。

图 3–5 互助按摩

**【训练小结】**

以上活动，带领你进入一个完全陌生的人际环境之中。从开始的暖身，到了解团队成员各自的性格特征，再到团队相互协作完成任务，直至最后的总结与成员互助按摩。环环相扣的4组活动中，团队成员的陌生感逐渐消除，相互了解不断增多。在这个过程中，你是否投入其中，是否感受到了你与新环境之间的一种互动关系，是否意识到自己在适应新的人际环境的特点？这些感受与体会将有助于你更好地了解自己适应环境方面的优点与不足，为进一步提高环境适应能力做准备。

培训师反馈：在带领团队辅导的过程中，明显感觉到队员通过4组活动后逐步消除了陌生感，增进了相互了解。尽管不同性格类型的学生在活动中表现不同，但他们各有所获。有些学生非常积极主动，在陌生的人际环境中充当了主导角色；有些学生开始处于观望和徘徊的状态，随着活动的开展，逐渐融入其中。作为团体心理活动的指导教师，就是要让每位参与者了解活动目的，积极参与其中，通过体验、观察与分享，发现自身适应陌生人际环境的特点，相互学习、相互启发，提高陌生环境中的适应与沟通能力。

学生感言1：对第三组活动“孤岛求生”的体会最深刻，我一直认为自己是一个善于表达的人，但作为哑人岛的一员，我无法用语言进行沟通。在这样特殊的环境下，我不得不在短时间内面对并寻求解决办法。这让我体会到自身已有的优势未必在适应新环境的过程中都能发挥作用。适应环境的过程，要有不断改变自我、不断提高自我的思想准备和能力。

学生感言2：作为一个自认为有点腼腆的大一新生，我开始对这样的团体活动有点抗拒。因为要我在短时间内和陌生人打交道，并合作解决问题，会感到不自在。但其他小组成员的表现感染了我。在小组合作完成主体作品时，我主动负责绘画，并得到成员的充分肯定，这使我更好地融入活动之中。今天的活动是一次自我的突破，对我今后适应大学生活将产生积极影响。

## 【训后总结】

小李同学在心理中心老师的推荐下参加了几次环境适应相关的团体心理活动。在团队成员之间的互动中，她了解到自身在环境适应方面的优势与不足，对自己有了更加客观的自我认知，也更加平和地接纳了自我。

尤为重要的是，小李通过团体心理活动，意识到每个人一生中所处的自然环境和社会环境永远是处于不断变化之中，作为大学新生，只有通过理论学习、团体训练、实践活动等方式加强自身的环境适应能力，才能为今后更好地适应社会环境奠定基础。

# 第四章　积极心态之人际沟通训练

【训练导言】

据一项对1000多名大学生孤独心理及其影响因素的调查表明，有41.1%的同学对“你认为自己是个孤独的人”表示认同。当问及大学生渴望的是什么，大多数回答是“友谊”和“成功”。实际工作中也发现，很多大学生加入社团的第一目的是交友。毕业的时候大部分大学生认为大学四年最大的收获不是学了多少知识，而是认识了几位要好的朋友。众多调研数据发现，大学生渴望人际交往，渴望获得优质的人际关系，渴望在大学期间获得友谊，渴望提升个人的人际沟通能力。而与强烈的渴望形成鲜明对比的是，大部分大学生沟通交流技巧的匮乏，沟通能力不足，这让部分大学生在人际交往过程中常感挫败，甚至退缩、恐惧，长此以往，还有可能影响大学生的心理健康。因此，了解人际沟通的概念，了解大学生人际交往的特点，学习沟通交流的技巧，提升沟通交流的能力，对大学生而言是必需且紧迫的。

大学生人际沟通的特点是什么？

人际沟通中有哪些心理学效应？

人际沟通有什么功能和意义？

如何提升沟通交流能力？

本章将从理论层面讲解大学生人际沟通相关内容，如人际沟通的心理学效应、人际沟通的功能及意义、大学生人际沟通的特点等，并介绍提升大学生人际沟通能力的方法与技巧。最后，通过团体辅导活动，实际体验感悟人际沟通的模式，学习人际沟通的方法。

## 【训练目标】

认知目标：

①掌握人际沟通的定义、分类，理解人际沟通的意义与功能。

②了解人际沟通的相关心理学理论，掌握人际沟通中的心理学效应。

能力目标：

①提升沟通技巧。

②理解并运用人际沟通中的心理学效应。

## 【训练案例】

### 案例基本情况

小张，大三，男生。初次来咨询时，紧张拘束，声音很轻，目光游移，咨询的议题为人际交往。小张从小就不擅长与人交往，被动，不善表达。中学时，因为时间都投在学习上，并没有因此感到困扰。进入大学后，小张意识到大学不光是学习，能力的提升也是重点，其中就包括沟通交流能力。为此，小张尝试加入社团，尝试和室友玩一样的游戏，希望找到共鸣，但是，两年下来，小张发现自己依然不能很好地与人交往。觉得自己表达能力差，说话无聊，不知道如何拒绝别人，如何提要求，在群体当中易退缩。这让小张很苦恼，听说战友情谊深刻，为了提升沟通交流能力，小张携笔从戎。退伍回来，小张发现自己的沟通表达能力有了明显改善，但他想让自己更受欢迎，遂前来心理中心寻求帮助。

案例分析和启示：小张的困扰并非个例，有部分大学生深受沟通交流能力不足的困扰。他们往往很难交到朋友，对人际交往情境退缩，不知道如何与他人沟通。这不仅影响个人的发展，而且由此产生的自责和自卑更是影响身心健康。心理学领域对人际沟通进行了大量研究后发现：良好的人际关系与个体的健康、成功、幸福密切相关；沟通交流中存在特定的心理学效应，如晕轮效应、首因效应等，理解这些效应有助于人际沟通；提升沟通交流能力的方法有倾听、肢体语言、赞美、表达等。本单元我们就一起来学习和体验沟通交流。

# 第一节 人际沟通

**【基础知识】**

## 一、人际沟通及其功能

### （一）人际沟通的定义

在古代汉语中，沟通指的是通过开沟使两处水源相通，这个词具有通讯、联络、交往、交流的意思。现代社会所说的沟通通常指人际沟通。沟通有广义上的沟通和狭义上的沟通。广义的沟通指的是两个人或两人以上之间有关情感、状态、语言、思想观念、意见等的交流过程。狭义的沟通是指其中一方经过某些途径把信息传递给另一方的过程。

沟通的过程涉及传播学、语言学、心理学及社会学等学科。对人际沟通的心理学解释海内外有很多不一样的观点，如科勒曼（Kellermann）认为，沟通是有模式、结构和选择性的，它不是随机、无法遏制的，它是自愿的、可控的、有方向和目的的。心理学大辞典将人际沟通界定为个体在共同活动中交流思想、感情、知识等信息的过程，主要通过言语、表情、副言语（如音量、节奏、笑等）、手势、体态、社会距离等实现。

### （二）人际沟通的模式

如今的沟通模式和早期有着很大的区别。最早期的沟通模式是由著名的传播学者拉斯韦尔提出的线性模式（5W 模式）。这一模式用简单明了的线性关系阐释了人际沟通过程中的信息、沟通者、通道和沟通效果，然而该模式主要说明的是单向循环的沟通，忽视了人际沟通中必要的反馈因素与沟通情境。黄萍认为沟通主要包括 8 个因素，包括信息、传播者、编码、渠道、受传者、解码、反馈、噪声。

美国著名心理治疗学者维琴尼亚·萨提亚（Virginia Satir）根据多年的心理治疗与研究经验，根据人际沟通过程中对“自我、他人、环境”三者关注的不同，归纳出 5 类人际沟通应对姿态，着重提出增强自尊、改进沟通和帮助个体活得更“人性化”，最后使个体实现“内外一致，身心整合”的目标。

1. 讨好型

具有讨好型人格的人通常把注意力放在他人和环境上，因此忽视了自己。他们经常展现出一种令人开心的形象。讨好他人是以牺牲自我价值为代价的，它使个体抛弃自己的自尊，并传达给别人这样的感觉——我是不重要的。在讨好他人的过程中，讨好者内心可能会有这样的想法：我不可以冒犯别人，更不能让别人生气，而要始终对别人保持态度温和，如果和别人来往时出现问题了就全是我的错。讨好者的另一个特征，就是忙于平息各种麻烦，他们表现得好像自己存在的唯一目的就是解决别人的问题。

2. 指责型

指责型的人只在乎自我，常常忽略他人与情境，习惯于攻击和批判，遇到问题习惯把责任推到别人身上。“这是你的问题”“到底怎么搞的”是他们常说的话。挖掘其内在因素，指责型的人其实普遍孤单失败，但他们情愿和别人隔绝来保持自我的权威。

3. 超理智型

超理智型的人仅关注客观环境和道理。超理智型的人在沟通模式上常常采用漠视他人和自己价值的做法，他们既不让自己也不让他人发觉和表达自我的感受。他们的社会标准是：一个人的成熟意味着他不会触碰、感受、审视甚至不会抒发自己的感受和情绪。超理智型的人始终想要证明自己是正确的。

4. 打岔型

打岔型的人总是抓不到重点，沟通过程中总是插嘴和干扰别人，遇到问题总是拐弯抹角地回答或者回答的内容根本文不对题。哀伤和精神混乱的状态常常伴随着他们，同时，他们也缺乏归属感，很少得到别人担心，还常常被别人误解。

5. 一致型

一致型沟通模式是萨提亚所倡导的目标。一致型沟通模式以高自我价值为前提条件，可以达到自我、他人和情境三者的和谐互动。具备这种沟通模式的人常常具有一种内在的觉察、表情流露和言语一致，内心和谐平衡，自我价值感比较高。

**（三）人际沟通的分类**

人际沟通根据不同的维度可以分成若干种类，以下列举其中常见的4种，如图 4–1 所示。

**（四）人际沟通的功能**

斯蒂芬·P. 罗宾斯（Stephen P. Robbins）提出，在组织和群体中，人际沟通具备 4 个功能，分别是：鞭策组织成员；限制组织成员行为；提供释放情感的情绪表达机制，满足成员的社交需要；为个体或组织提供做决策前所需要的信息。也有部分学者提到，人际沟通还有以下 5 个功能：一是完成必要的自我表达；二是可以使我们定义出他人眼中的自己；三是提供社会结构，凭借人与人之间的互动产生行为标准、人际角色系统及评估他人行为的标准；四是能够联结其他社会系统，透过不同的传媒传输信息，其中人际沟通是重要的传媒；五是符合人际需要，因为有他人的介入，所以符合人们的社会需要。

总体来说，人际沟通具有心理功能、社会功能、决策功能，与我们的日常生活息息相关。在心理层面上，个体会为满足自我的社会性需求及保持个人的感觉而去沟通；也会为了成长发展和维持人际关系而去沟通；在做决定时，个体会为了和他人分享讯息及对他人产生影响而沟通。

| | |
|---|---|
| 直接的人际沟通和间接的人际沟通 | 直接的人际沟通主要是人们直接进行交流，不用借助其他工具，如常见的当面交谈、发表演讲等。它是人际沟通的主要方式。间接的人际沟通主要是需要借助其他工具进行沟通，如写信、电话、聊天工具等。 |
| 语言沟通和非语言沟通 | 语言沟通主要是参与者通过语言这种方式发出相关信息并且被对方所获取，其重点是通过语言这种方式，具体包括口头方式、文字方式。同时也可以进行如下分类：一是有声方式，主要是进行讲话，如交谈、授课、发表演讲、通过电话谈话等；二是无声方式，主要是通过文字进行沟通，如通信、张贴告示、发送短信等。非语言沟通主要是参与者通过语言之外的其他方式发出相关信息并且被对方所获取，重点是通过神情、肢体动作等方式，如脸部神态、眼神、肢体动作、外在气质、衣物服饰、相关物品、接触行为等，通过这些方面也能够进行交流。 |
| 正式沟通和非正式沟通 | 正式沟通主要是在某个组织内部采取文件的方式对有关信息实施传播。非正式沟通主要是采取正式以外的其他方式对有关信息实施交流，通常是以个人名义开展交流。 |
| 单向沟通和双向沟通 | 单向沟通主要是信息单向进行传递。参与者的地位不发生变化，其中一方发出信息，剩余一方对相关信息进行接受但是不进行回复，如演讲、做主体报告等。从现实情况看，这种方式非常少，接受信息的一方都会有不同程度的反馈，如语言、神情、动作等。双向沟通主要是信息双向进行传递。参与者的地位结合交流实际情况，持续发生调整，信息持续发出并且持续反馈，如沟通、谈判等。从现实情况看，人际沟通大部分属于这种方式。 |

图 4-1　人际沟通的分类

1. 心理功能

（1）满足需要

需要是一种因为缺少而渴望被满足的心理倾向，是个体产生源源不断的积极性的源泉。心理学上认为，人类是一种社会性动物，人与人之间的相处就跟人类需要水、食物、庇护所一样重要。每个人都有与他人保持相处和与群体保持某种关系的需要，与其他人维持交往、拥有友情和爱情的需要，以及具备维持良好的人际关系，能够使人们的归属感、爱、尊重、成就和自我实现的需要得到满足。

（2）了解自我

通过沟通，我们能够探索自我及肯定自我。乔哈里视窗理论指出，人类的内心世界可以分为4个区域：开放区、隐藏区、盲目区和未知区，如表4–1所示。

**表4–1 乔哈里的内心世界分区**

| 项目 | 自己已知 | 自己未知 |
|---|---|---|
| 他人已知 | 开放区 | 盲目区 |
| 他人未知 | 隐藏区 | 未知区 |

处于盲目区的自我是别人可能了解但自己却不知道的盲点。要认识这部分的自我就需要通过有效的沟通交流，通过他人的反馈来了解自己的盲区，进而更全面地认识自我、肯定自我和及时改正自我的不足。

（3）维持动力

社会心理学家认为，亲社会动机是促使人们进行交往和集群的原始动力。英国精神病学家约翰·鲍尔比提出的依恋理论认为，婴儿和照顾婴儿的人（通常是母亲）之间有一种特殊的情感联结。这是一种感情上的纽带与连接，它形成于婴儿与其父亲、母亲的互相作用过程中，即依恋。依恋属于人类适应环境生存生活的一个重要方面，它不仅能够提升婴儿的生存概率，并且帮助婴儿建构了终生适应的特点，从而有利于婴儿逐渐向更容易适应生存的方向发展。孩童时期的儿童也具备依恋的特征，在其成年之后依然会表现出来。因此，已成年的人具备与儿童相似的依恋类型与模式。这种存在于个体内在的强大动力，促使个体追求与他人建立良好的人际互动。

2. 社会功能

人际关系为个体提供了社会功能，个体可以借助人际关系提供的这一功能来维持和发展与他人之间的联系。通过沟通，我们可以了解他人，在沟通这一过程中，人与人之间的关系得以维持、改变或者发展。

所以和某个人进行的首次交谈可能会对与此人的人际交往起到决定性影响。

3. 决策功能

人类无时无刻不在做决策，无论是接下来要不要玩手机，还是第二天到底要穿哪双鞋，抑或要不要给即将见到的人一个拥抱，这些都需要我们做决策。这些选择有的靠自己也许就可以决定，有的则需要与别人一起讨论后才能决策。在决策的过程中，沟通满足了其两个功能，第一个是沟通可以促进决策前的资讯交换，第二个是沟通会对他人产生影响。准确的、有时效性的资讯是开启有效决策的钥匙。有的咨询需要通过自己的观察获得，有的依靠阅读来获得，有的来自于媒体的传播，除了这些渠道，和他人的沟通也是获取资讯常常采用的方法。如今，我们也通过沟通来影响他人的决策，如在陪朋友买东西的时候，朋友对自己的询问和自己对朋友传达的意见可能会影响到结果。

## 二、人际沟通相关理论

对人际沟通理论的研究始于 20 世纪 60 年代，并形成了诸多理论，以下列举其中影响较大的三种理论。

### （一）人际适应理论

该理论来源于对早期传统的社会交往研究，解释了人们在对交往方的行为做出应答的时候为什么要改变自身的语言和非语言行为。古德那（Gouldner）认为，在社会交往活动中人们都是互利互惠的，有责任心的个人，他们在自己的社会交往中会去帮助曾经帮助过他们的人，尽量避免伤害那些曾经帮助过他们的人。尽管早期的研究强调交往中的互惠原则，但其他的研究者也提出，有时候在对对方的行为做出应答的交往中，人们还体现出了补偿性的一面。

### （二）信息生产理论

早期研究在建构主义支持下，探索个体尊重他人的认知复杂性和个体为了达到明确目标（如说服别人）而制造信息。该理论认为为了能够在沟通中更好地相互影响，个体会生产出更有差异性、更完整、更能够抽象化概括的信息来适应听众的需要。这一早期的认知复杂性研究出现在20世纪八九十年代的研究中。

### （三）需要层次理论

美国心理学家马斯洛（Maslow）的需要层次理论有两个基本观点。一是人的需要取决于他已经得到了什么，缺少什么，只有尚未满足的需要能够影响行为。二是人的需要都有轻重层次，某一层需要得到满足后，另一个需要才出现。马斯洛将需要分为5级：生理的需要、安全的需要、社交的需要、尊重的需要、自我实现的需要。自我实现的需要即个人自我价值的体现，它是人生的最高追求，是每个人都期望的需求。人的社会属性决定了人的价值通常是有自我价值和社会价值的统一体。从社会实践的角度来看，要想使个体价值更好地实现，必须得到社会群体的支持，得到社会群体的支持必须创造出和谐的沟通氛围，和谐沟通氛围的创设需要将个人的能力智慧融入群体之中，与人有效沟通。否则，就算个人能力再强，没有他人的合作与支持，没有社会关系的协调，也无法在社会中立足。

## 三、人际沟通中的心理学效应

### （一）首因效应

首因效应是指在社会交往过程中人们的认知会受到最初印象的影响。美国心理学家卢钦斯（Luchins）做过一个实验，他让两组阅读能力相当的学生分别阅读两段关于某人性格描述的材料。第一组材料中关于这个人内向性格的描述在前，外向性格的描述在后。第二组的材料则顺序相反。随后，卢钦斯让两组学生分别评价这个人。评价结果显示，第一组学生大部分认为这个人内向，另外一组学生大部分觉得这个人外向。可见，第一印象对人们的认知有着显著影响。一个人如果在初始阶段给他人留下了正面印象，此后即使有些错误和不足，也容易得到别人的宽容；相反，在初始阶段留下了负面印象，此后想要改变，则要付出几倍的努力。

正因如此，大学生在人际交往中特别需要注意树立自己良好的第一印象。尤其是对于新同学来说，进入大学是一个全新的开始，无论此前在中学时是优秀还是普通，受人欢迎还是默默无闻，都要争取在入学初期在新的集体中树立正面、良好的形象，这种印象会影响此后的 4 年大学生活。

但是，第一印象毕竟是片面的，带着首因效应与人交往形成的评价和印象往往也是不客观的。首先，第一印象未必完全真实，可能有刻意表现或掩饰。其次，即使第一印象是真实的，也不代表不会发生变化。之前懒惰，未必一直懒惰；之前优秀，不见得一直优秀。因此，应当在更多的交往中透过表象看本质，要相信每个人都在变化，客观地对别人作出评价。

**（二）近因效应**

近因效应，指的是人们在社会交往的过程中，其认知会受到对与其交往的人的最近印象的影响。卢钦斯用另一种方式进行了前面的实验。他让两组被试者在阅读完第一段性格描述后进行其他活动，过了一段时间后再读第二段材料。结果，两组被试者对人物性格的评价与前述实验截然相反。可见，后面的材料对人们的认知产生了更大的影响。在日常生活中，首因效应对不认识的人之间的交往影响更大，近因效应对熟悉的人之间的交往影响更大。彼此熟悉的两个人在最近的交往中产生的印象会覆盖掉此前的印象，一次冲突会抹杀掉之前所有的好感，一次真心帮助则可以化干戈为玉帛，消除成见。特别是在即将分别前留下的印象会更加深刻和持久。因此，许多同学在与室友发生冲突后立马要求调换寝室非明智之举，双方应当尝试继续相处，使愉快和友好的印象成为最近印象，这样才能真正改善人际关系。

正是有近因效应的存在，大学生应当用心对待每一次的交往，既要有良好的开端，也要重视好的结尾。发生冲突后及时沟通，用坦诚和宽容化解矛盾，不要使问题搁置，以致双方一直留有负面印象。另外，我们也要注意克服人际交往中近因效应带来的不利影响，不要只看当下，要历史地、全面地评价一个人。

### （三）晕轮效应

晕轮效应又叫光环效应，是指当我们对一个人的某种特征形成了正面或负面的印象后，会将这种印象泛化，来推论这个人其他方面的品质。例如，学习成绩较好的学生往往被认为是道德品质高并且工作能力突出；一个外貌漂亮的人通常被认为是心地善良的；一个打扮非主流的学生则会被认为不务正业或者高傲、不友好。美国社会心理学家哈罗德·凯利（Harold Kelley）曾做过这样一个实验：他请一位研究生分别给两组学生上课。课前，他对两组学生分别介绍说，该老师是“热情”还是“冷漠”。下课以后，他让这两组学生表达出自己对该老师的印象。结果，前一组学生认为老师有同情心、亲和、有能力、讲课好；而后一组学生则认为老师严厉、冷酷、讲课水平也较差。显然，晕轮效应是一种典型的以偏概全的认知偏见，易造成对人的盲目喜爱或排斥。

晕轮效应往往导致我们一叶障目，以偏概全，影响对人的评价的准确性和可信度。所以交往中要预防晕轮效应的副作用，同时也可以利用晕轮效应的影响增加自身的吸引力。例如，采用先入为主的策略，让对方了解我们的优势，以获得积极肯定为主的评价；同时，克服一好百好、“爱屋及乌”的绝对化感觉，恰当地、全面地认知他人。

### （四）海格力斯效应

生活中经常出现这样的现象：由于误解或嫉妒，两个人之间有了矛盾，这时，如果你想报复对方，就会加深对方对你的仇恨，有可能导致对方挖空心思加害于你；如果你还不罢休，对方就会更加恶毒地报复你。在这个过程中，你心中的敌意越深，对方对你的报复可能就会越狠毒，直到两败俱伤。这样的现象延伸出来就是“海格力斯效应”。

希腊神话故事中有位英雄大力士，叫海格力斯。一天，他走在坎坷不平的路上，看见脚边有个像鼓起的袋子的东西，他觉得很难看，便踩了那东西一脚。谁知那东西不但没被海格力斯一脚踩破，反而膨胀起来，并成倍成倍地加大，这激怒了英雄海格力斯。他顺手操起一根碗口粗的木棒砸那个怪东西，好家伙，那东西竟膨胀到把路也堵死了。

海格力斯奈何不了他，这时，一位圣者走到海格力斯跟前对他说：“朋友，快别动它了，忘了它，离它远去吧。它叫仇恨袋，你不惹它，它便会小如当初；你若侵犯它，它就会膨胀起来与你敌对到底。”仇恨正如海格力斯所遇到的这个袋子，开始很小，如果你忽略它，矛盾化解，它会自然消失；如果你和它过不去，加恨于它，它就会加倍地报复你。

人一旦受到了恶性刺激，心里就会产生不良情绪，甚至可能陷入无休止的烦恼中。在人际交往中，复仇者和被报复的人都不是真正的胜利者，因此，我们应该拒绝海格力斯效应的出现，学会宽容，懂得忍耐。以怨报怨是一种社会效用最差的选择，很容易让我们陷入“冤冤相报何时了”的泥潭。有时候，忍耐不是退让，而是一种力量，只有忘记仇恨，学会宽容，我们才能与人和睦相处，才会赢得他人的友谊与信任，从而赢得他人的支持与帮助。

**（五）阿伦森效应**

有一位老人退休后找了个清静的地方买了房子，想在这里安度晚年。房子的旁边有湖，有花草树木，环境优雅，老人住得很舒服。可没过多久，这种平静的生活便被打破了。一些小朋友来到这里整天打闹玩耍，甚至大喊大叫，让老人不胜其扰。老人受不了这些噪声，但他知道，他没办法呵斥他们离开。于是，他出去对这些小朋友说：“你们玩得真开心。我喜欢热闹，如果你们每天都来这里玩耍，我每天给你们每人一元钱。”小朋友很高兴，又能玩又能挣钱，太好了！于是，他们玩得更开心了。过了两天，老人“愁眉苦脸”地说：“我的养老金还没发下来，从明天开始，只能每天给你们五毛钱了。”小朋友显得不太开心，但还是接受了这个结果，不过只在每天下午继续来这里玩。又过了几天，老人“非常愧疚”地告诉他们：“真对不起，我的退休金已经不太够用了，以后每天只能给你们一毛钱。”“一毛钱？”小朋友感觉太不值了，“我们才不会为这一毛钱在这里浪费时间呢！我们不来了！”从此，老人又过上了安静悠然的日子。

故事中的老人智慧地运用了阿伦森效应。阿伦森效应是指随着奖励减少而导致态度逐渐消极，随着奖励增加态度逐渐积极的心理现象。阿伦森效应也指人们最喜欢那些对自己的喜欢、奖励、赞扬不断增加的人或物，最不喜欢那些奖励不断减少的人或物。

阿伦森效应告诉我们，大学生在人际沟通中，应该尽力避免由于自己的表现不当让他人对自己印象不良。同样，它也提醒大学生在形成自身对别人的印象过程中，要避免受它的影响而形成错误的态度。

## 【知识小结】

①人际沟通是指个体在共同活动中交流思想、感情、知识等信息的过程，主要通过言语、表情、副言语（如音量、节奏、叹息、笑等）、手势、体态、社会距离等实现。

②萨提亚提出了 5 种人际交往应对姿态：讨好型、指责型、超理智型、打岔型、一致型。一致型是萨提亚所倡导的目标。这种沟通模式建立在高自我价值的基础之上，达到自我、他人和情境三者的和谐互动。

③人际沟通具有心理上、社会性和决策上的功能，和我们生活息息相关。

④人际交往中有诸多心理学效应，包括首因效应、近因效应、晕轮效应、海格力斯效应和阿伦森效应。

## 【知识拓展】

①马歇尔 · 卢森堡 . 非暴力沟通［M］. 阮胤华，译 . 北京：华夏出版社，2009.

②罗纳德 · B. 阿德勒，拉塞尔 · F. 普罗科特 . 沟通的艺术：看入人里，看出人外［M］. 黄素菲，李恩，译 . 北京：北京联合出版有限公司，2015.

③ TED 演讲 . 如何成为一个更好的交谈者［EB/OL］.（2016-3-14）［2019-10-8］http://open.163.com/newview/movie/free?pid=MBFLN6BJF&mid=MBFLNJGFE.

# 第二节　大学生沟通交流

【基础知识】

## 一、培养沟通交流能力的重要性

大学时期是个体建立人际关系的重要阶段，而人际沟通是人际关系存在和发展的首要条件。对于初次以成年人身份、相对独立的个体与他人交往的大学生而言，培养人际沟通能力具有重要的意义。

**（一）增强身心健康，预防心理问题**

马斯洛认为，人需要归属于一定的社会团体，从而得到他人的爱与尊重。如果缺失这些需要，主体会丧失安全感，进而影响心理健康。社会学与人类学的研究更是肯定，群体合作具有生物保存与适应的功能。如果没有群体合作，不仅是人类，许多生物都将灭绝。

美国社会心理学者贝克曼（Beckmann）的研究发现，在性别、年龄、经济收入和日常生活习惯基本相同的条件下，有密切社会互动，如家庭、婚姻、非正式社团组织联系的人寿命较长，那些缺乏密切社会关系的人较之有 3%~30% 的概率更容易死亡。

一些心理研究表明，人际关系对心理健康水平的影响是巨大的。例如，在正常集体活动与社交场合比大多数人更拘谨，在陌生场合会感到非常紧张、被动、孤独的人，容易陷入“感情危机”和孤独状态，从而引发心理健康方面的问题。在人际沟通及异性交往方面有严重困扰的个体往往因为处理不好与朋友、同学、异性的关系，使自己陷入困境之中，使个体感到非常痛苦，从而引发心理问题。

培养人际沟通能力，可以帮助大学生建立起良好的支持系统，获得亲人、朋友与同学的关心和理解。当感到孤独、寂寞、失意、悲观时，社会支持系统给予的关怀可以使大学生得到精神上的慰藉与支持，从而获得战胜困难的勇气；相反，如果缺乏社会支持系统，则有可能使大学生陷入绝望，脆弱不堪。

**（二）提高个人能力，促进成长成才**

在信息时代，通过个人英雄主义取得事业上的成功已经越来越难，团队合作能力早已成为各单位企业招聘人才的核心要求之一。

普林斯顿大学对一万份人事档案进行分析，结果显示："智慧""专业技术""经验"等方面只占据成功因素的25%，其余75%取决于良好的人际沟通。哈佛大学调查结果显示：在500名被解职的男女中，因人际沟通不良而导致工作不称职者占82%。索尼等公司把人际沟通能力作为重点考核内容，作为管理者业绩考核、干部任免晋升、薪酬及福利待遇升降的重要指标。

人际沟通的过程是彼此传播信息、沟通知识和经验、交流思想和情感的过程。通过沟通形成不同思想的碰撞，为创新的发生做好了铺垫。同时，沟通也是问题解决的有效方式。因此，大学生必须具有与人合作的意识，学会与人交往，这是成长成才的前提。

人际沟通能力和大学生的受欢迎程度、领导力、人际互助效能息息相关。人际沟通能力强的人善于观察体会他人的感受与想法，设身处地为他人着想，尊重他人意见，更有可能获得他人的帮助，通过资源整合高效完成既定目标，自然也更容易获得成功。

**（三）进行信息交流，获取有益信息**

人际沟通有助于大学生广泛获取信息，加速其社会化进程。当今，信息爆炸，每个人每天都会接触到海量的信息，其中不乏无意义的信息和干扰信息。而且，每个人的兴趣爱好、价值观等都不一样，专注的领域也各不相同。一个人要想高效地获得有益信息就必须通过有效的人际沟通。而且，人际沟通也是大学生社会化的重要途径。不同经历、不同性格的同学进行沟通交流，不仅有利于信息交流，更有利于提高大学生对社会问题的认识能力，促进社会化的完成。

### （四）发展亲密关系

美国著名的精神分析学者埃里克森（Eriksen）认为，个体发展是持续一生的，而不是在成年早期就结束了。他提出了著名的心理社会性发展的 8 个阶段理论，该理论认为在心理发展的每一阶段，个体都会面临着一个需要解决的心理社会问题，这个问题会引起个体心理发展的矛盾与危机。如果个体能顺利解决每一阶段所面临的矛盾与危机，就会对个体心理发展产生积极影响；相反，则会产生消极影响。18~25 岁这一成年早期是亲密感对孤独感的冲突期。建立亲密感需要把自己与他人融为一体，只有这样才能在恋爱中建立真正亲密无间的关系，从而获得亲密感。而这个过程需要良好的人际沟通能力，敢于自我暴露，真诚待人，用心理解对方的感受，通过沟通交流解决冲突矛盾，达成共识。因此，良好的沟通能力是大学生培养亲密关系的关键。

## 二、大学生沟通交流的特点

### （一）大学生的交往愿望强烈

进入大学后，由于摆脱了中学时期繁重的课业负担和升学压力，大学生们有了强烈的了解欲和尝试欲，他们对友谊的渴望较之前更强，希望通过人际交往锻炼自己的组织能力、协调能力和人际交往能力，建立友谊。面对新的任务和新的同学、老师，现实也要求他们能独立学习、生活并与他人交往。

### （二）交往范围扩大，但仍以同龄人为主

相较于大学前人际交往的范围更多是家人、亲戚、朋友和同学，大学生的人际交往范围大大扩大。大学是一个小社会，大学生要和来自五湖四海的同学沟通交流，尤其在学习生活中和不同年级、不同专业、不同学校的同学交流越来越频繁。竞赛合作、社会实践也需要和教师或是社会人士进行沟通交流。但总的来说，大部分大学生交往的对象仍以同龄人为主，相对比较简单、稳定。

### （三）大学生的交往目的具有多样化的特征

大学生随着年龄增长，心智的成熟，人际交往的目的不再纯粹出于

情感和志同道合。低年级的同学交友主要为了结识朋友、切磋学问、交流信息、沟通情感、丰富大学生活，而到了高年级，比较注重寻求有利于将来事业发展的社会资源。例如，主动和教师、学长学姐沟通，寻求生涯发展的方法，与社会人士沟通，获取职业发展相关信息等。

**（四）大学生人际交往方式更现代化**

如今的大学生都是“95后”甚至“00后”，成长于移动互联网时代，喜欢亦擅长通过现代化的通信方式进行沟通交流。网络社交成为大学生沟通交流的常用方式之一，网络社交具有虚拟性、多元性、随意性和自由性等特点。有研究表明，网络社交正深刻影响着当代大学生的心理发展，这种影响利弊并存。网络不仅给人们提供了更多的信息，而且也提供了广泛的人际交流机会，提供了一种拓宽社会关系的交互性的空间。同时，网络社交的安全性，易成瘾性，弱社会性也会对大学生人际交往造成消极影响。

**（五）大学生的人际交往具有浓厚的理想色彩，比较纯洁、真诚**

大学生正处在求知阶段，思想比较单纯，对美好未来充满向往和自信。有研究表明，大学生对最喜欢与什么样的人相处的选择依次为诚实、平等待人、关心别人、谦逊、有才干等；反之，对最害怕与什么样的人相处的选择依次为虚伪、利用别人、心胸狭窄、傲慢、脾气暴躁等。也因为浓厚的理想色彩，大学生人际交往挫折感较强，致使大学生出现渴求交往和自我封闭的双重性。

**（六）部分大学生缺少交往技能、交往机会和环境**

尽管大学生交往意愿强烈，但也应看到，部分大学生缺乏人际交往的技能、机会及环境。当独自面对大学较复杂的人际关系时往往感到茫然无措。尤其是在人际关系处理不顺时，有些大学生就会怀疑或否定自己，甚至产生自卑等心理问题。跨文化研究发现，亚洲国家的社交焦虑现象尤为突出。大量研究表明，青春期是社交焦虑发生和发展的关键时期，大多数的社交焦虑障碍起病于13~19岁，且社交焦虑一旦发生，自发缓解的可能性很小。但人际交往是一种能力，可以通过学习和训练得到提升。

## 三、提升沟通能力的技巧

要提升大学生的人际沟通能力，了解一些人际关系中的心理学效应会有积极的帮助。另外，学习沟通的技巧也是提升沟通能力的有效途径之一。

### （一）学会倾听

每个人在表达自己感兴趣的内容时都希望得到他人的积极回应，认真倾听是对表达者的一种鼓励与尊重。因此，善于倾听的人更容易赢得他人的好感。我们在交往中应当少说多听，尝试做到以下几点：对对方表达的内容表现出兴趣，不随意打断对方的说话，即使有不同想法，也要让对方充分表达后再发表自己的观点；要给予对方积极回应，在倾听时适时给予点头、微笑、目光注视和肯定的语言回应，如“嗯”“好的”“请继续说”；交谈中不要突然岔开对方的话题，转而侃侃而谈自己感兴趣的话题，那会让对方顿感索然无味。

当倾听者在认真倾听的时候，他会把自己的注意力放在对方身上，包括语言和表情传达的信息。这个时候，倾听者内心的评判机制暂停了，不会去思考对方话语哪些对哪些错，而是去思考对方话语有哪些值得学习。当对方因为倾听者的认真倾听而感觉良好，会受到鼓励而说出更多“干货”，同时会对倾听者产生一种特别的信任，而倾听者也在与对方的谈话中学到了很多东西。在生活中，别人没有义务按照你的喜好给出你喜欢听的建议，只要能从对方的言论中学到东西，就应该感谢他的分享。

### （二）运用肢体语言

人的情绪情感很多时候可以通过肢体语言流露。著名的身势学研究学者伯德惠斯·戴尔（Birdwhistell）通过研究发现，在人际交往互动中，65% 的社会含义是通过非符号语言，即肢体语言传递的。肢体语言对信息的承载量要远大于声音和文字，是影响人际交往效果的重要因素。大学生在人际交往中学会恰当运用肢体语言，对拉近人际距离可以产生事半功倍的作用。

具体来看，在人际沟通过程中，正视对方，真诚微笑，适当的肢体接触都可以对沟通产生积极的效果。例如，心理学研究表明，一个面带微笑的人很容易被他人接纳。微笑是美好心灵的外观，展现出了一种自信。微笑需要发自内心才能笑得自然，笑得亲切。切记不能强装笑脸或者为了笑而笑，那会给人不真诚的感受。人对笑容的辨别力非常强，一个笑容代表什么意思，是否真诚，人的直觉都能敏锐判断出来。

**（三）真诚赞美**

由衷的赞美会使人感到自身价值得到肯定，并对赞美者产生亲近感，彼此的心理距离因赞美而缩短。真诚的赞美要注意两点：一是赞美事实而不是人。要把赞美的焦点放在对方所做的事情上。例如，说“你刚才的自我展示做得真好”要比说“你真棒”更容易让人接受。二是赞美要具体。赞美的事件越具体往往更有力量。例如“你刚才那个过人的动作真精彩”要比“你球打得不错”更能说到对方的心里去。每一次真诚地赞美别人，不但能使对方快乐，也会让自己感到满足。

**（四）自我暴露**

所谓“自我暴露”，就是把自己隐私展示给他人或者把有关自我的内层信息传给对方，让别人最大限度地了解自己，在现实生活中，善于自我暴露的人是自信的。美国社会心理学家西迪尼·朱亚德（Sidney Juard）通过一系列实践发现“自我暴露会让别人喜欢你”。

当然，自我暴露讲究适时适度。在大多数情况下，不能一下子将所有隐私秘密都暴露出来，因为我们的接受能力会受双方熟悉度的影响，虽然自我暴露能让你们双方更加熟悉对方，但凡事都应有个度，需要适度而为之。不然就成了过度表现，而往往过度表现是摧毁吸引力的原因之一。在沟通开始前，可以先尝试暴露自己的兴趣，在彼此有一定的熟悉度后，可以适当暴露你所不喜欢的行为和令你反感的事情，这样能起到一个筛选的作用。在相当熟悉后，倾诉一点内心深处的烦恼，吐露一些不为人知的秘密，能让对方感觉到信任，出于交往中的对等原则，对方通常也会反过来向你吐露心声。而这样的沟通，往往会加深彼此的亲密度。

### （五）学会拒绝与批评

大多数时候，难以拒绝别人，其实是无法接受一个“不被别人喜爱的自己”——只有在不断满足对方的要求，并且在这个过程中判断自己被对方接纳的时候，才能获得被对方肯定的满足感。尽管对方可能只是自己生活中一个过客，甚至只是一名不会对自己产生任何影响的推销员，我们都可能为对方因我们的拒绝而产生的失望感到自责，所以，会通过满足对方的提议来获得对方的肯定。但是，很多人没有意识到的是，这种满足感的来源，会耗费大量的时间和情感，会再一次因无法拒绝他人而产生自责。

事实上，懂得拒绝是对自己的爱护，也是对双方关系的尊重。只有懂得做真实的自己的人，才能真正做到照顾别人的感受。拒绝要讲究艺术，要委婉，既要体现自己的诚意，又要维护对方的自尊。比较好的拒绝方式有：①尊重式拒绝。首先肯定对方的想法，给予对方精神上的支持，然后表达自己的困难，以示自己的情非得已。②补偿式拒绝。虽然自己不能提供帮助，但是可以给对方提出另一种建议，如果方便还可以主动提供帮助，用其他途径解决问题。例如，对方向自己借东西，自己没有或不便借用，可以帮助对方向其他人借用。

真诚的交往也意味着需要指出对方的不足，但是批评要注意方式。第一，批评要注意场合。批评场合应尽量私密，避免在大庭广众下批评他人，否则会引起对方的反感或抵触，进而转变为敌对和攻击。第二，批评与肯定相结合。例如，可以先从动机、付出上给予肯定，再指出方式方法上的不妥之处。同时，应耐心听对方的解释，对合理之处表示赞同。第三，批评对事不对人。批评应指出当前的事件中发生的错误和不足，而不应转变为对人的指责，也不要扩大批评的范围，不要用“你怎么总是如此这般”，而是就事论事，针对当下。

## 【训练活动】

### 一、暖身阶段

**活动一** 松鼠搬家

活动目的：热身活动，让学员兴奋、紧张起来，具有一定的娱乐性。

活动道具：无。

活动时间：10 分钟。

活动程序：

①所有学员围大圈，相邻 3 人一组。2 人扮大树，面对对方，伸出双手搭成一个圆圈；1 人扮松鼠，并站在圆圈中间。

②培训师喊“松鼠”，大树不动，扮演松鼠的人就必须离开原来的大树，重新选择其他的大树。两名培训师就应临时扮演松鼠。

③培训师喊“大树”，松鼠不动，扮演大树的人就必须离开原先的同伴重新组合成一对大树，并圈住松鼠，两名培训师就应临时扮演大树。

④培训师喊“地震”，扮演大树和松鼠的人全部打散并重新组合，扮演大树的人也可扮演松鼠，松鼠也可扮演大树，培训师或其他没成对的人亦插入队伍当中，落单的人表演节目。

注意事项：

①活动空间足够大。

②要关注多次被落单的学生，邀请其分享感受。

### 二、转化阶段

**活动二** 123 报数

活动目的：分组。

活动道具：无。

活动时间：10 分钟。

活动程序：

①在刚才的大圈基础上，要求成员 1~3 报数。

②成员“1”“2”“3”分别组成小组。

③小组讨论认命组长，确定组名。

## 三、工作阶段

### 活动三　撕纸游戏

活动目的：

①体验不同的沟通方式及对应的效果。

②分享讨论如何避免单向沟通。

活动道具：A4 纸。

活动时间：15 分钟。

活动程序：

①给每位成员发一张 A4 纸。

②带领者发出单项指令：

· 大家闭上眼睛，全过程不许问问题。

· 把纸放于背后，确保自己看不见，对折，再对折，再对折。

· 在一个角上撕一个圆弧，转 180°，在另一个角上撕一个三角形，在一条边上撕一个矩形。

· 把纸打开，观察自己和成员的纸的形状。

③请一位成员上台，重复上述的指令，唯一不同的是这次其他成员可以问问题。

活动分享：活动结束后，带领者邀请成员分享活动过程中观察、体会、学习到的任何感受。例如，自己撕的纸和别人有什么不同？为什么会有这样的不同？第一次撕纸和第二次撕纸的结果为什么不一样，区别在哪里？现实生活中有类似的情况吗，有何启示？

活动总结：培训师肯定所有学生的分享以及活动过程的表现。提炼学生的感受，并引导到现实生活，强调沟通过程中反馈的重要性，经常使用单向的沟通方式，听者总是见仁见智，个人按照自己的理解来执行，通常都会出现很大的差异。但使用了双向沟通之后，又会怎样呢，差异依然存在，虽然有改善，但增加了沟通过程的复杂性，不同的沟通方式会产生不同的效果。

注意事项：

①明确规则，第一次撕纸时确保单向指令。

②感受没有对错，做好分享的引导。

**活动四**　抢滩登陆

活动目的：

①体验沟通过程中的不同角色：信息发出者、传达者、接收者，感悟如何有效沟通。

②锻炼沟通能力。

活动道具：乐高积木。

活动时间：30 分钟 。

活动人数：3 人一组，组数不限。

活动程序：

经过多年战争，胜利就在眼前。各位所在的部队迎来了最重要的战役——抢滩登陆，如图 4-2 所示。各小组需要完成机密任务，以确保胜利果实。任务如下。

①带领者首先用乐高积木搭建一个模型（根据活动时间决定模型难易）。

图 4-2　抢滩登陆

②每组 3 人，每人担任一个兵种：侦察兵、通信兵、工程兵。侦察兵负责侦察敌方武器（已由带领者用乐高积木搭好），并将观察到的武器结构告知通信兵。通信兵将武器信息告知工程兵。工程兵根据通信兵的信息用乐高积木搭建模型。只有工程兵搭建的模型与敌方模型一致时任务才算完成。

③小组商定分工及沟通策略。活动过程中只允许口头表述，不能通过绘画等方式传达。由培训师决定模型是否一致。

活动分享：活动结束后，培训师邀请成员分享活动过程中观察到的、体会到的、学习到的任何感受。例如，每个角色的功能，每个角色采用的沟通方式，哪个组完成得最快是如何沟通的，活动过程中发生的困难及原因，在现实生活中有何启示等。

活动总结：培训师要肯定所有学生的分享以及活动过程的表现。提炼学生的感受，并引导到现实生活，强调沟通的重要性，解释沟通中不同的角色，鼓励将活动中感悟到的沟通技巧运用到生活中。

注意事项：

①确保模型的位置只能被侦察兵看到，确保侦察兵看不到本组工程兵的搭建。

②感受没有对错，做好分享的引导。

**活动五** 信任之旅

活动目的：

①通过“盲人”与“拐棍”角色的体验，让学生理解自助与他助同等重要。

②让学生感受信任与被信任的快乐。

活动道具：眼罩，盲道设计。

活动时间：40 分钟。

活动程序：

①以小组为单位，通过随机分组环节，让学员两人一组，分别扮演“盲人”和“拐杖”，如图 4-3 所示。室外活动 15 分钟，不能有语言交流。（结束后，让“盲人”和“拐杖”互相握手或拥抱，表示感谢支持和信任。）

②所有同学都扮演“盲人”，室内走动 5 分钟。室内配轻柔音乐。（可询问是否有害怕参加者，不参加者可做观察者。）

图 4-3 角色扮演

③分小组分享感受。

④所有学员围圈坐一起，各小组派代表分享感受。

注意事项：

①设计的过程应有一定难度，又要保证安全。

②此活动需要多名助手。

③此活动强调过程中不能有语言交流。

分享要点：

①“盲人”的感受如何？“拐杖”的感受如何？

②在缺乏语言沟通的情况下，哪些因素有助于达成目标？

③这个活动对我们的实际生活有何启发？

活动点评：

此活动强调人际交往中他助的重要性。每个人都有遇到困难、遭受挫折的时候。我们要乐于帮助他人，同时也要乐于接受他人的帮助。在此过程中，双方的信任非常重要，它不仅有助于共同任务的完成，而且使助人和受助变成一件非常愉快的事，能进一步巩固双方的关系。全然的信任是有效的沟通交流方式之一。

## 四、结束阶段

**活动六** 心灵电报

活动目的：学习等待与“聆听”来自他人的“沟通”。

活动道具：无。

活动时间：10 分钟。

活动程序：

①所有学员围圈而坐，左手手心朝上，右手手心朝下，相搭。

②闭上眼睛，等待左手边的学员发出信号，并立即传递给右手相邻者。传递后睁开眼睛，观察被传递者是否正确传递。

③比较每次传递的速度、强度。最后以热烈的依次拍手结束。

注意事项：

①环境安静。

②整个过程中都不放手。

③提示学员注意传递的方式、速度、强度等。

## 【训练小结】

通过以上活动，相信大家能深刻体验到沟通的重要性，了解到不同沟通方式产生的效果，也观察到团体成员中好的沟通方式。好的沟通需要站在多个角度去思考，尤其是站在对方的角度去感受，而不只是单纯表达自己的看法。对于有偏差的信息通过反馈确认更能够获得准确的信息。

培训师反馈：团体辅导本身就是促进人际沟通的有效方式。在团体中，成员通过观察、体验，觉察自己和他人的人际沟通方式，并学习好的沟通技巧。3 个活动和人际沟通密切相关，活动过程中会有很多的体会，通过分享与反馈，即时地感受沟通过程、沟通方式，通过引导，感悟现实生活中自己的人际沟通，实现有效地迁移。

学生感言 1：第一次撕纸大家区别很大，因为每个人的理解不一样，在没有反馈的情况下，大家都根据自己的理解执行指令。第二次撕纸跟第一次相比，大家的差异小很多，但依然是有差异的。反馈很重要，可以更明确信息的内涵。每个人对同样的信息会有不同的理解，现实生活中的沟通也一样。所以，要多站在不同角度去理解，才能更好地沟通。

学生感言 2：通讯员的角色最重要，既需要理解侦察兵的意思，又要用工程兵能理解的方式传达信息。和侦察兵的沟通非常重要，要通过反复确认在自己脑海里搭建一个准确的模型，因为模型一旦有误，工程兵肯定无法搭建正确模型。现实生活中，沟通更是特别重要，如不能准确获取、传达信息，生活中很多任务也会失败。例如，做学生干部，需要理解老师传达的意思，不清楚的应及时反馈，并将信息以同学能理解的方式传达。

## 【训后总结】

在学习了人际沟通的相关知识，体验了人际沟通的主题团体辅导活动后，小张把所学所悟带入到实际的人际沟通中。了解了自己的人际沟通模式，观察人际沟通中发生的心理学效应，合理运用这些效应，努力在沟通中兼顾自我、他人、情景三元素。沟通能力的提升在于不断地实践，并且在实践中继续觉知沟通方式、沟通元素和沟通效果。我们相信小张在不断的实践中最终会收获更多的社会支持，实现个人发展。

# 第五章　积极心态之团队精神训练

## 【训练导言】

所谓团队精神，简单来说就是大局意识、协作精神和服务精神的集中体现。团队精神的基础是尊重个人的兴趣和成就。

团队精神的核心是协同合作，最高境界是全体成员的向心力、凝聚力，反映的是个体利益和整体利益的统一，并进而保证组织的高效率运转。挥洒个性、表现特长保证了成员能共同完成任务目标，而明确的协作意愿和协作方式则产生了真正的内心动力。

团队精神的形成并不要求团队成员牺牲自我。团队精神是组织文化的一部分，良好的管理可以通过合适的组织形态将每个人安排至合适的岗位，充分发挥集体的潜能。

人的基本属性之一是人是社会人，独立于团体之外的个体是不存在的，因此理解“团队”这个概念是个人立足于社会的基础。“我应该怎么做才能维持与他人的关系？”“我在团队中处于什么位置？”“团队会因为我的离开举步维艰吗？”有些事情或许我们心中早已有答案。

通过下面的内容，你心中的答案会更加清晰，你将知道如何在社会团体中去定位自己，怎样才能实现利益与效率的共赢，从而展现自己的魅力。

## 【训练目标】

认知目标：

①明确一个人是否具备团队精神的主要标志，辩证看待个人发展与

团队发展的相互关系。

②了解并掌握团队的基本特征，理解团队精神对未来职业发展的影响。

③找准自我定位，实现利益与效率、物质与精神的共赢。

能力目标：

①学习了解如何尊重他人，正确处理人际关系。

②学会规划自我，实现优势互补，懂得拒绝与承担。

【训练案例】

## 案例基本情况

小何，男，他是班级中一位默默无闻的同学。他对辅导员倾诉："自己看到别人总是大大方方，结伴去参加各项活动比赛，而且成绩都很好。而自己虽然想参与其中，但又很胆怯，不知怎么和人交流。"事实上，他能力很突出，有的比赛他确信如果是自己代表班级去参赛，一定能拿到更好的成绩，但又总是难以表达，不知怎么去和老师或班委负责人去说这件事。有一次，他鼓起勇气在学校活动的竞选时举起了手，但是老师并没有选择他，自此他再也没有主动参与过活动。这导致现在的他很自闭，自我存在价值感很低，不能得到班集体的认同，不知怎么办才好。

针对小何同学的情况，指导老师运用接触理论的相关知识，先让其了解了什么叫团队，怎样去合作交流与实现自我价值等诸项问题，然后给予相应的建议，顺利完成了本次咨询，小何也比以往自信了很多。

案例分析和启示：小何同学是典型的缺乏沟通表达能力的例子，他是十分内向的一个人，总是不知道如何表现自己，不知道怎么去参与团体活动，有种壮志难酬的意味。同时又可看出他也有一些自卑，一次的失败就全盘否决自己，有些悲观的态度。针对小何同学的上述情况，指导老师运用接触理论的相关知识，给予其相应的建议，顺利完成了本次咨询。

# 第一节　团队精神

【基础知识】

## 一、团队精神的内涵

国际21世纪教育委员会于1996年4月向联合国教科文组织提交了报告：《教育——财富蕴藏其中》。报告认为，为了实现人的全面发展，教育必须围绕四种基本的学习过程来重新设计和组织。四种基本学习过程为学会求知、学会做事、学会共处和学会做人。学会共处是指培养其在人类活动中的参与和合作精神，也就是要培养学生的团队精神。全球第三大软件公司EDS电子资讯系统有限公司全球副总裁、大中华区总裁约翰·宜根（Johnw Egan）先生在江西先锋软件学院作的《从EDS的发展看IT业的未来》演讲中建议大学生在学好软件的同时，必须掌握与人沟通、合作的技巧。他认为在IT这个行业，团队精神与技术水平将同样重要。

团队精神是大局意识、协作精神和服务精神的集中体现，核心是协同合作，优势是能力互补，反映的是个体利益和整体利益的统一，并进而保证组织的高效率运转。团队的精髓是共同承诺——共同承担集体责任。团队精神的形成并不要求团队成员牺牲自我；相反，挥洒个性、表现特长才能保证成员共同完成任务目标，而明确的协作意愿和协作方式则产生了真正的内心动力。

团队是当下社会组成的基础单位，是为实现共同目标而自觉合作、积极努力的一个凝聚力很强的社会群体。如果团队凝聚力强、合作程度高、成员贡献意识强，团队的工作效率就比一般群体高，团队中的人们的心情也就比较愉快。亚里士多德说过：“独处者非神即兽。”任何人、任何事物都不可能离开群体而单独存在。任何人自出生伊始就处于一个组织化的社会之中，就在不断地学习和内化现存的价值观、期望、行为模式和文化。

同时，与他人形成相应的关系，且在不同时期或同一时期“扮演”不同的“角色”。从摇篮到坟墓，我们不仅作为一个“生物人”存在过，更作为一名与他人有关的“社会人”而经历着人生的酸甜苦辣。

## 二、团队精神相关心理理论

任何一种精神的出现都绝非偶然，团队精神的概念自提出以来，经过各界的广泛传扬与发展，已经成为一个时代的标签，其出现也具有一定的必然性。团队的形成是个体之间交流与沟通的结果，“个人”在“团体”中是无可替代的，个人也是团队形成的基础。由于人的思维方式的不同，团队成员的沟通必然会出现一定的矛盾，心理学从某种意义上说是研究人类心理现象和心理规律的一门科学，而且团队内部的协调分工实质上是管理心理学的应用。因此，研究心理理论对团队精神的形成与发展有着至关重要的作用。

### （一）马斯洛需要层次理论

马斯洛需要层次理论认为人是一个一体化的整体，人类的需要按优势出现的先后或力量的强弱排列成等级，如图 5-1 所示。

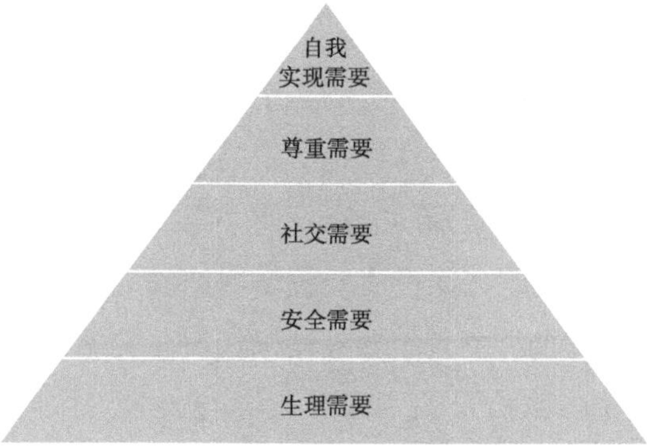


图 5-1　马斯洛需求层次理论

人最迫切的需要才是激励人行为的主要原因和动力。因此，要充分发掘大学生的真实需求，创建一个积极、和谐、向上的班级氛围，教会每个成员学会互相尊重，尊重和欣赏每个成员的个性，做到求同存异，消除贬低和嘲讽，满足其尊重的需要；根据每个成员之间不同的个性特征，因材施教，充分发挥他们的特长，使每位成员各有所长，各有作为，满足其自我实现的需要。

### （二）接触理论

接触理论代表人物阿尔波特认为，人际间的合作能提高小组的向心力和友谊。单纯机械的接触不能形成促进性学习，增进学习效果，只有发展成为合作性的关心，才能形成有效学习。就接触理论而言，异质学生在一起形成团队，有利于提优补差，使不同素质的学生都得到不同程度的提高。因此在小组合作学习或者分组活动中，可以把不同特质的学生分在一个团队，不同性质的活动可以有不同的分组方式。这样，促使个体在不同的团队中扮演不同的角色，发挥不同的作用，增加了成员间的接触次数和接触方式，更易于促进团队合作。

### （三）动机理论

动机是激发和维持个体进行活动，并导致该活动朝向某一目标的心理倾向或动力。动机能够激发机体产生某种有特定目标指向的活动，并促使这种活动针对这一特定目标，调节活动的强度和持续的时间。动机理论认为，合作性目标结构创设了一种只有通过小组集体成功，小组成员才能达到个人目标的情景。在合作中，小组共同目标的达成是基于所有小组成员个体分工任务的完成之上的，小组集体的成功、奖励要靠成员的共同努力、相互激励和帮助，这样在小组内部就有了共同的动机。而在小组与小组之间，实行小组奖励的方法，使小组在公平竞争的原则下发挥各小组的集体才能，让组织之间产生一种学习的动力。因此，在实际的团队合作中，我们应重视成员个人的相应动机，设立奖惩措施，充分发挥团队合作的优越性，让团队成员树立起“荣辱与共”“休戚相关”的合作关系，保证大家朝着这一共同的目标而努力，互帮互助，促进合作关系的形成。

### （四）社会互赖理论

社会互赖理论起源于格式塔心理学和勒温的群体动力理论，在 1949 年由勒温的弟子道奇首次提出，后经约翰逊兄弟发展完善，形成理论体系。该理论主要研究的是个体间在合作性和竞争性情境中相互影响时的行动效率、内在心理过程、互动方式及结果。该理论认为：积极互赖（合作）产生促进性互动；消极互赖（竞争）产生对抗性互动，群体成员之间彼此不鼓励学业上的努力，而且相互阻碍；在缺乏互赖的情况下，个人之间彼此便不会有互动，个人都是独立工作而互不干扰。从社会互赖理论的角度来看，合作学习的理论核心可以用很简单的语言来表述："当所有的人聚集在一起为了一个共同的目标而工作时，靠的是相互团结的力量。相互依靠为个人提供了动力，使他们互勉，愿意做任何促进小组成功的事；互助，使小组成功；互爱，因为人都喜欢别人帮助自己达到目的，而合作最能增加组员之间的接触。"

学生群体一般有 3 种组织结构：群体合作、群体竞争、个人单干。在活动及任务完成过程中要充分利用各种互赖因素，使小组成员为了一个共同的目标互相依赖，促使他们互相关爱、互相帮助、互相讨论、团结协作。

## 三、培养团队精神的重要性

培养团队精神是适应社会发展的需要。随着全球化的日益加剧，当代社会如果仅仅依靠个人奋斗，只能提高个人能力，而不能开展有效的团队协作，则无法实现企业的成功。正如国有国魂，民族有民族精神一样，优秀团队的灵魂正是团队精神。团队精神不仅是优秀团队成员个人价值观的重要体现，也是解决目前企业内部普遍存在的沟通交流问题的一个有效手段。中国有句古话："千人同心，则得千人之力；万人异心，则无一人之用。"蚂蚁打败了巨蟒，并搬动了千万倍于己的巨蟒。这听来也许是一个古老的寓言或是动画片里的神话，但是寓言也好，神话也罢，传递给我们的精神却是毋庸置疑的。蚂蚁凭什么可以战胜巨蟒？单靠一只当然是无法完成的，必须由无数只蚂蚁结成共同目标、协调一致，并为之奋斗的团体才能完成。你可以小看一只蚂蚁，但你决不能轻视一群蚂蚁，这种团队力量是不可战胜的。在草原上有个"蚁球法则"，即在遇到烈火，一群蚂蚁无处可逃时，蚂蚁们会迅速抱成一团，滚出大火，绝处逢生。尽管处在边缘的蚂蚁"牺牲了"，但是多数蚂蚁得到了保全。

同样地，对于一个团体而言，个人的力量小不能代表什么，只要所有个体为群体做出自己的贡献，将“奉献精神”运用到每一处，便将是一股强大的力量，必能获取成功。在自然中，无论是“蚂蚁群体”，还是羚羊飞渡等现象，都折射出团队存在的必要性和重要性。

团队精神利于营造人才，同时也可以培养团队成员之间的新合力，同时提高团队成员的整体素质。良好的团队氛围能促进员工身心健康发展，使其积极性、创造性得到发挥，有利于增强团队成员之间的亲和力和凝聚力，提高团队士气，激发队员的主动性。培育团队精神，可以兼顾个体本位与群体本位，使集体主义、全局观念内化为成员的自觉行为，有利于营造团队内部和谐友爱、团结互助、共为一体的氛围。

狼将团队精神发挥得淋漓尽致。狼群在捕获猎物时非常注重团结和协作，狼群中每个成员都不希望成为光说不干的“老板”，倒是有的狼更喜欢做固定的猎手、保姆或哨兵，不过，每一匹狼都在扮演着至关重要的角色。

狼者，群动之族。攻击目标既定，群起而攻之。头狼号令之前，群狼各就其位，欲动而先静，欲行而先止，且各司其职，嚎声起伏而互相呼应，默契配合，有序而不乱。头狼昂首一呼，则主攻者奋勇向前，佯攻者避实就虚，助攻者蠢蠢欲动，后备者厉声而嚎以壮其威……任何动物遇到狼群都相当害怕。为什么？因为狼靠的是协同作战，所以其他动物都不敢惹狼。这些很值得我们团队来学习，我们团队应该学习“狼文化”，也就是将狼团队中比较积极的因素引用到我们的团队建设中来，争取做一个成功的团队。

团队的目标就是要创造出比团队成员个人所能创造出的总和更多的价值，这也是团队存在的意义。这就需要团队的每个成员都具有团队精神。

团队精神是推动团队有效运作与发展的内在动力，它对形成团队成员的集体共同意识有一种强化的作用，有利于增强团体的内在凝聚力，使团队成员之间产生强烈的认同感、归属感和责任感。

同时，培养团队精神有利于培养创新能力和综合素质。在长期的实践活动中，培养个人的团队协作精神，要求个人具备精诚团结、相互协作的能力，这样才能创造出一种良好的氛围。较好的工作氛围可以促使人创造性地学习、工作，有利于增强创新精神。除此之外，团队中个人可以获取更多的信息和知识，在提高与人共事的人际交往能力的同时，提高成员个人能力和综合素质。

【知识小结】

①团队是一个为实现共同目标而自觉合作、积极努力的凝聚力很强的社会群体，其核心便是互赖与信任。

②团队精神是大局意识、协作精神和服务精神的集中体现，核心是协同合作，优势是能力互补，反映的是个体利益和整体利益的统一，并保证组织的高效率运转。

③团队精神是推动团队有效运作与发展的内在动力，它对形成团队成员的集体共同意识有一种强化的作用，有利于增强团体的内在凝聚力，使团队成员之间产生强烈的认同感、归属感和责任感。

【知识扩展】

①安尼特·西蒙斯.故事思维［M］.俞沈彧，译.南昌：江西人民出版社，2009.

②李慧波.团队精神［M］.北京：机械工业出版社，2015.

## 第二节 大学生团队精神

【基础知识】

### 一、大学生团队精神的特点

#### （一）内心情感丰富，心理承受能力弱

伴随着大学生生理、心理上的日趋成熟，从相对封闭、狭小、紧张

的中学环境，步入了大学这个开放、广阔、复杂的美丽殿堂，眼界一下子宽阔起来，国际政治格局、国内改革开放、自我前程设计、人际关系交往、婚姻伴侣选择等，无一不是他们关注的对象。随着自主自立意识的确立，他们开始用自己青春期所特有的感知世界的方式去观察事物，去体验各种复杂的情感变化。师情、友情、爱情、亲情、同情心、公正心等各种情感，使大学生的内心感受开始变得丰富。

**（二）学习能力强，实践能力弱**

大学生的抽象思维能力尤其是辩证思维能力高度发展，思维的独立性与批判性、灵活性与敏捷性、逻辑性与创造性逐步完善。他们思维敏捷，能比较全面地分析问题，易于接受新知识、新思想，不迷信权威，敢于提出自己的独到见解，勇于探索和创新。他们密切关注社会的变化和科学技术的发展，并表现出极大的兴趣；他们对先进技术和知识有着特有的直觉和敏锐。他们有着强烈的求知欲望和较强的学习能力，可以利用各种各样的手段，各种各样的方式获取新知识。

**（三）自我意识强，责任意识弱**

当代大学生成长于社会快速发展的时期，他们是改革开放富裕生活的享受者，拥有长辈们的关爱。他们不仅喜欢有个性的事物，而且在着装、兴趣爱好、言行举止上也具有很强烈的个人特色。如今大学生有很强的自我独立意识，不喜欢自己的思想行为受到家长和老师的束缚，坚持自己能做的事情自己做，他们有处理事情的能力和成为社会主导的决心。随着经济社会的快速发展，也激发了大学生的自尊自强精神，强化了大学生在社会中的主体意识，主要表现为注重自我，崇尚自我奋斗，追求自我设计。在日益竞争的社会环境中，大学生已摒弃了等待机遇和被动接受社会安排的观念，对思想和行为不再简单地接受和盲目的顺从、模仿，而是进行质疑、抉择、思辨，甚至逆反。从整体上看，这有利于社会的发展和进步，但是，在主体意识增强的同时，部分学生过分强调个体独立性，一切以自我为中心，忽视群体性，造成个别同学集体主义思想淡化，团结协作意识差，利己思想和行为盛行，不能明确自身责任，表现为不爱护公物、不关心集体等。

### （四）抗挫折能力弱，经济独立意识差

当代大学生生活条件相较以前有了很大的改善，父母也时常庇护左右。当他们步入大学校园之后，发现人才济济，各种竞争压力变大，使他们不再具有优越感。而且，目前大学生社会阅历浅，考虑事情不够全面，心理不成熟而且极其敏感。当他们离开父母独立处理学习、情感、人际关系、社会关系等问题时，不善于自我调节，不敢面对挫折和困难，容易产生消极的情绪或者引发极端的行为。抗挫折能力不足，这对大学生的未来发展极其不利。

### （五）有很强的网络依赖性

随着信息技术的飞速发展，当代大学生沟通交流的方式也发生了巨大变化。虚拟的网络世界供给人们各种各样新闻信息、新奇有趣的游戏、发表各种各样的心情以及交谈沟通的网络平台。然而，网络科技的发展是个双刃剑，一方面人们的交流和沟通更加方便了，另一方面也减少了人们的社会交流机会。尤其是对大学生，网络在一定程度上影响了大学生人际交往能力，当人际关系不好的时候就更会导致他们对网络的依赖性增加，有的学生甚至沉迷游戏，对身心健康造成极大影响。

## 二、大学生团队精神的培养

### （一）高校思想政治工作要创新，在课程教育教学中要强化渗透其理念

中共中央在《关于加强和改进思想政治工作的若干意见》中提出了思想政治工作要不断创新的新要求，其中第三点指出，要做到“实现思想品质教育与培养人文精神的统一；实现主旋律教育与审美教育的统一；实现思想政治教育与学生个性发展的统一”。所以，学校和广大教师要确立“以人为本”“培养创新型人才”“培养团队型人才”的办学理念。

### （二）重视大学生团队精神的理论研究，在团队实践中内化和提高认识

理论知识的学习，必须通过实践加以内化和提高后，才能转化成大

学生的知识和技能。大学生团队精神的研究既涉及心理学的内容，又涉及高等教育管理的问题。除此之外，团队精神也是人文素质教育、道德品质、情商、非智力因素等研究不可忽视的方面。

**（三）要深化人才培养模式的改革，不断增强团队精神培养的针对性**

要开设大学生团体学习和实践课程。德育工作者要善于把握学生的思想脉搏，抓住学生普遍关心的热点、难点问题，开展有针对性的教育；要注意研究形式发展对大学生的影响，及时发现新情况，研究和解决新问题，使团队精神的培养和教育工作常抓常新，进而提高大学生对团体作用和团队价值的认识；要引导大学生亲身经历团队学习过程，切实培养团队精神。

**（四）加强人文与科学精神教育**

科学精神主要包括求真求实的探索求证精神、在尊重原理基础上的开拓创新精神、团队环境中的竞争协作精神。辩证唯物主义告诉我们，外因最终要通过内因起作用。因此，在学校学生管理中要真正实现人文与科学精神教育，培养大学生的团队精神。落脚点是学生自身人文与科学意识的确立。这就要求德育工作者从以下两个方面进行教育与引导：一是团队合作意识的培养。在校园文化的建设和学生活动的组织上，要注意精英与大众的结合，充分调动学生参与活动的积极性，引导学生在参与活动的过程中培养团结协作、为集体荣誉而努力的精神。二是学生团结互助精神的培养。团结、助人为乐都是中华民族的传统美德，高校应该注重继承和弘扬这些美德，开展一些有针对性的活动（例如，义务劳动、帮助孤寡老人等），培养学生的爱心和社会责任感，引导和鼓励学生对有困难的同学要有同情心并给予热情帮助。

**（五）要训练大学生的人际沟通能力**

在诸多困扰大学生的问题中，不善于沟通、人际关系困惑，是最令人烦恼的。因此，对大学生进行人际沟通训练势在必行。心理学家马斯洛认为，除了少数病态的人外，社会上所有的人都有一种对于他们的稳定的、牢固不变的、通常较高评价的需要或欲望，有一种对于自尊、自重和来自他人的尊重的需要或欲望。因此，对他人报以真诚的欣赏和关心是搞好人际关系的第一准则。一个人能不能成功地与人交往取决于自己对别人持什么看法。“种瓜得瓜，种豆得豆”，光靠使用技巧或利用心理学理论并不管用，人们迟早会看穿这些把戏。只有真诚地欣赏、关心、帮助他人，才能让自己生活在一个充满爱意和真诚的空间。当然，欣赏关心他人并不是表示不批评错误，只是要运用合适的方法。

**（六）培养具有团队精神的大学生，就必须培养协作型的教师**

培养协作型的教师，必须转变传统教育观念，引导教师要把以传授知识为主转变为既传授知识又培养能力；把纪律严格、恪守常规的课堂氛围转变为主动活泼、主动探索的课堂氛围，这是培养团队精神的基础。建立新型的师生关系，发挥学生的主体作用，促进培养学生在学习、科研中参与、合作能力，是培养团队精神的保证。另外，教师间良好的协作关系是学生无声的“教材”。

**（七）要明确团队目标，强化团队领导者行为的训练，培养民主氛围，加强信任与合作，增强团队的凝聚力**

目标是指引团队航行的灯塔，有了它，团队之船才能满载货物靠岸。它是把人与物凝聚在一起的基础，对目标有了认同和共识，才能形成坚强的团队，才能鼓舞人们团结奋进的斗志。团队的领导者十分重要，一个团队能形成怎样的一种团队精神，与团队领导者个人的价值观、信念、领导作风、管理思想、脾气、秉性等有关，即有什么样的领导就有什么样的团队。因此，领导者一定要重视自己的个人品行，与团队成员多沟通交流，抛弃单纯的领导与被领导的模式，调动成员的积极性，提高团队效率。同时“民主”是一个团队创新与进步的要素，在团队中要能接受团队内外对自己的批评，倾听他人意见，成员之间要互相容纳各自的差异性，真诚相处。此外，领导者也要让成员更多地参与到团队决策当中，在增强民主性的同时，也能让成员感受到自己在团队中发挥的作用，提升自信，进而增强团队的凝聚力。最后，团队要设立科学的管理制度和激励机制。海信集团公司总裁周厚健先生说：“共同的愿景是建立斯巴达克勇士方阵的精神力量。团队精神的培育，除了企业理念教育之外，还必须有一套规范化的管理制度，一套激励员工的机制。”要完成这个目标，首先，要制定一套团队成员每个人都必须遵循的行为标准，它是保证团队协调一致的有力工具。规范是否符合团队内外实际情况及规范的执行程度如何，是一个团队成熟与否的重要标准。其次，要建立科学的物质激励体系，管理层要在工资、福利、奖励等多方面加以权衡，以物质为杠杆，引导团队成员关心自己的劳动成果，关注所在团队的集体成果。例如，秦国之所以能一统天下，主要原因之一就是商鞅变法期间确立了完整的奖罚体系——有功激赏，有罪重罚，且全国上下无一例外。因此整个秦国朝野形成了一股浩然之气，士兵好战，农民勤耕，人人都遵循这套体系，为秦国的统一打下了坚实的基础。

## 【训练活动】

### 一、暖身阶段

**活动一　数字抱团**

活动目的：准备活动，热身，让学员快速进入状态，娱乐为主。

活动道具：无。

活动时间：10 分钟。

活动程序：

①所有学员面向中心围成大圈，向右转，手搭在前面同学肩上，向前方跑动。

②跑动过程中培训师报数，学员听到后按照相应的人数抱在一起。

③此活动可以贯穿于整个团辅活动之中，作为分组使用。

④落单的同学表演节目。

注意事项：关注多次落单的同学，分享感受。

### 二、转化阶段

**活动二　团队分组**

活动目的：将学员分成两大组，每组 12~16 人，便于在接下来的活动中展开竞争。

活动道具：无。

活动时间：5 分钟。

活动程序：

①在刚才大圈的基础上，培训师继续报出数字（按照实到人员的一半）。

②学员自动分成两组。

③小组讨论确定小组长，并确定组名。

## 三、工作阶段

**活动三** 盲人三角

活动目的：学习凝聚团队共识的方法。厘清个人目标，定位团体目标。

活动道具：眼罩 30 个。

活动时间：20 分钟。

活动程序：

①戴好眼罩或者闭上眼睛，小组学员手拉手。

②按照培训师要求，每个小组组成一个等边三角形，其中顶端指向指定方向。

③确定完成后，静止不动，睁开眼睛。相互比较哪一组做得更好。

④随机邀请学员分享活动过程中的感受。

注意事项：场地平坦且空旷，注意安全。如果需要增加难度，全程禁止说话。

活动点评：

团队工作过程中，仅凭借一己之力难以达到理想的结果，优异的成绩往往需要团队成员服从指挥，共同努力。同时，必须听从团队带头人的统一指令才能把任务完成得更加完美。

**活动四** 坐地起身

活动目的：体现团队的配合，体验个人努力对团队工作的重要性。

活动道具：报纸或坐垫。

活动时间：25 分钟。

活动程序：

①小组间先由 4 人一组，围成一圈，背对背坐在地上，如图 5-2 所示。

②在不用手撑地的情况下站起来。

③依次增加难度，增加人数，直至小组成员全部参加。

图 5-2 坐地起身

注意事项：

邀请团队成员分享感受，尤其是在参与人数不断增加的过程中自身感觉的变化。

活动点评：

团队合作中个人努力的重要性。每一个团队都有遇到困难和挫折的时候，面对困难，我们每一个成员首先要作出个人的贡献，同时还必须带动同事或者同学作出相应的努力，才能共同战胜面临的挫折，团队的凝聚力和战斗力才能得到稳固和加强。

**活动五** 背夹球跑

活动目的：提高团队合作能力。

活动时间：25 分钟。

活动道具：气球。

图 5-3 背夹球跑

活动程序：

①确定比赛距离。

②学员自选搭档，背对背站立夹住气球，跑向终点后，下一组开始，用时少者胜，如图 5-3 所示。

③逐渐增加难度，4、6、8……人同时起跑，每两人夹住一个气球，直到小组成员一起参加共同跑向终点，用时少者胜。

注意事项：

①球夹好后不能再用手碰触。

②减少失误，球每掉一次时间增加 3 秒钟。

③注意分享感受。

活动点评：

由 2 人一组逐渐增加到多人一组，充分展示团队协作、步调一致的重要性。引导团队中间喊口号学员的产生，在团队合作中锻炼个体的领导才能。

## 四、结束阶段

**活动六** 放松按摩

活动目的：经过前期紧张而刺激的训练，让学员进行适当的放松。

活动时间：5 分钟。

活动道具：无。

活动程序：

①大家围成一个大圈，听从教练员指令，向右转后前进。

②所有学员伸出双手搭在前面同学的肩上，按照教练员的指令有节奏地敲击前面同学的肩膀。

③向后转继续行进，重复前面动作。

④相互握手后解散。

### 【训练小结】

通过以上活动，你能否理解团队精神真正的意义？找到问题的关键所在，并有足够的能力去解决这些问题？

团队与个体并不是两个对立面，他们是互相依存的关系，所以要从辩证的角度去理解团队与个体，只有这样，才能在未来的职业发展中取得成就。

培训师反馈：学生的参与度与训练效果成正比，因此，如何调动学生的积极性参与各项活动就显得尤为重要。在人与人的交往中难免会有矛盾和冲突，对于青春年少的大学生而言，这种冲突会更加突出，所以如何解决这些问题是重中之重。通过团体竞争，团体比赛的模式，可以加强学生之间的沟通，发动全体的智慧去解决一件事。在这个过程中，可以有效消除一些因好面子等问题而逐渐积累起来的矛盾，达到“一述为快”，化解矛盾。并且可以使学生了解团队之于个人并非是对立的，二者是平等的协作和依存的关系。

在活动中也表现出了一些问题，如前所述，如何调动学生的积极性和主动性，才是问题关键所在。这属于一个心理问题，或许是由于性格所致，或者是因为对他人有所成见，都在阻碍着团队凝聚力的建立。所以，作为老师，一定要做到正确地和学生去交流与沟通，在传授经验的同时与学生共同成长，消除师生隔阂，使学生能找准自己的定位，健康发展。

学生感言 1：在大学前我对人际交往总有些担忧，完全陌生的人要住在一个屋檐下，一起学习、生活 4 年。但是通过一系列的活动，我发现，人和人之间的坚冰其实很容易打破，大家也和我想象中不一样，他们都很开朗、友善，并且一直在给我提供帮助，让我感受到团队的温暖和力量。

学生感言 2：作为学生干部，我之前总是烦恼集体的事务只能由少部分人来承担。但是通过这些活动，我发现绝大部分同学积极参与到团队合作中，我感觉他们对于集体更加关心了，我相信未来的工作开展，我能够获得更多同学的支持。

## 【训后总结】

通过上述训练，小何同学认识到：团队意识与团队精神的重要性我们从小就懂，但就像我们常说的，大道理我们都懂，可真正去严格执行还是挺难的？就是因为这种观念的存在，导致老师和学生对此并不重视，所以形成了模糊的、零碎的知识。通过这次活动，同学们能够系统地了解和学习什么叫团队，将以往的零碎认知进行了整理和总结，并通过活动加深理解，让我们切实体会到了团队的作用，学会了如何去沟通与协作，锻炼和增长了我们的能力，使我们明白了自己并不是一个人在前行，社会也不需要我们独自前行，唯有手挽手，肩并肩，才能走得更稳，走得更远。同时，原先由于各种因素的限制，有些事我们只敢想却不敢做，也没有机会去做。这次授课与活动，使我们中的许多人迈出了第一步。所谓万事开头难，我相信有了这第一步，未来的我们一定会走得更好。

# 第六章　积极心态之创新思维训练

## 【训练导言】

创新思维，就是大胆创新、破旧立新，并在实践中创造出超越自己、超越前人的新思想、新理论和新产品的能力。吉尔福德（Guilford）提出心理测量学理论，即把创造创新力概念化为一套发散性思维技巧。大学生创新思维的培养就是在实践活动中训练其发散性思维能力，提高发散性思维技巧。培养大学生的创新实践能力，这不仅是社会发展的要求，同样也有助于学生自尊、自立、自强等人格的培养。让学生在创新中体验寻找经验和不断成长的快感。

- 我是否具备强烈的求知欲望？
- 我对自己接触到的现象是否有旺盛的好奇心？
- 遇到问题时，我是否会想出多种解决方案并寻求最佳方法？

……

无论结果如何，下面的内容或许会有助于我们认识创新和创新思维，准确地辨识出创新思维障碍并将其打破，同时训练我们的创新思维方式，能够激发我们的潜能，使我们成为一个具有创新思维能力的人。

## 【训练目标】

认知目标：

①认识创新、创新思维，及其相关心理学理论。

②理解大学生培养创新思维的重要性。

能力目标：

①能够辨别并打破创新思维障碍。

②能够用创新思维解决问题。

【训练案例】

## 案例基本情况

小李，男，大三学生。他来咨询的原因是他学习成绩很好，但是由于家境一般所以不打算考研，而是想直接工作。他认为以他所学的专业如果在毕业后按部就班找工作并不能找到收入较高的工作，所以觉得自己陷入了困境，不知道如何解决。后来他看到了学校创业班的招生通知，于是就想去试一试，进了创业班之后，他发现班里的同学家境较好，且大家都思维活跃，很有想法。因此，他又觉得自己创业也不占优势，十分沮丧，心情低落，压力很大，不知道自己到底该怎么办。

老师了解到小李的情况后建议他先确定自己的目标，然后列举自己已经具备的能力和优势，选修大学生领导力相关课程，通过其中的创新思维训练，提高自己的创新能力，从而找到适合自己的创业方向。

案例分析和启示：初步判断，小李同学觉得自己陷入了困境，是因为自己的思维不够发散和开阔。建议他先确定自己的目标，然后列举自己已经具备的能力和优势，选修与大学生领导力相关课程，通过其中的创新思维训练，提高自己的创新能力，从而找到适合自己的创业方向。

# 第一节 创新思维

【基础知识】

## 一、创新与创新思维

### （一）创新的含义

“创新”是一个被广泛使用的社会性概念。“创新”的英文是

“innovation”，起源于拉丁语“innovare”，释义为“更新、变革、制造新事物”，在现代汉语词典中的解释是：抛开旧的，创造新的。这是对“创新”含义的一种简洁的概括。《现代汉语辞海》把“创新”解释为：“提出解决问题的新途径、完成一项新设计或新方法，或迫使创造一种新的艺术形式；在经济活动中，指新事物的实际采用或引用。”这一解释从经济领域和非经济领域两个方面对“创新”进行了概括和解释。

早在1912年，美籍奥地利经济学家约瑟夫·熊彼特（Joseph Alois Schumpeter）就首次在《经济发展概论》中针对经济领域提出了创新理论。他所提出的“创新”概念包括5种情况：①创造一种新的产品；②采用一种新的生产方法；③开辟一个新的市场；④取得一种新的供给来源；⑤实现一种新的产业组织方式。熊彼特的创新概念，主要是经济学家从技术应用的角度提出的，过于强调经济学上的意义，忽视了更广义上的创新。随着社会的不断发展，创新的意义也在不断扩展和深化。自熊彼特提出创新理论后，其他学者对创新概念提出的定义多达几十种。目前一般认为：创新是新设想（或新概念）发展到实际和成功应用的阶段。我们认为，创新是指人们在原有物质或精神产品的基础上创造出了前人或他人尚未创造过的独特而新颖的，且具有现实价值的行为或成果。其特征是独创性、新颖性和现实价值性。

**（二）创新思维的含义及其特征**

近年来，无论是理论上还是实践上，虽然人们对创新思维已做了大量的研究，但由于问题本身的复杂性、多元性，对其本质及规律仍未能给予全面的揭示和准确的把握。创新思维既是人类思维之奇葩，也是一个难解之谜。

关于创新思维的定义，许多学者从各自的研究角度，给出了许多不同的界定。各有自己强调的方面，表述的重点也有所不同，但在众多的不同见解中，多数趋同的观点是：①创新思维是人类思维活动的高级形式；②创新思维的产生必须突破旧的思维模式；③创新思维虽要以逻辑思维为基础或主导，但同时必须有非逻辑思维（想象与灵感）的参与；④创新思维是一个以发散性思维为主要思维方式的多元综合系统。

中国人民大学哲学系余华东老师说："创新思维是指思维上的创新，是指创造（或者说是'产生'）一个新的思想、观点、知识等。创新是指创造一个新的东西，这个东西可以是一个新的思想，也可以是一个新的事物。如果创新指的是创造一个新的思想，那么创新就是指创新思维；如果创新是创造一个新的事物，那么创新思维就是创新的一个部分、一个阶段，因为要创造一个新的事物就必须先在思想上进行创新。"他从创新与创新思维的关系出发，阐述了创新思维的含义。他又说："创新思维也可以称为创造性思维，就是指产生新思想的思维活动。那么，什么是新思想呢？新思想当然是指在思维活动中产生的以前的思想、观念、知识中所没有的思想、观念、知识。"他认为，从新思想的产生，我们可以看出创新思维的3个内在要素：首先，必须具有一定的知识；其次，必须具有一定的非逻辑思维能力；最后，必须具有一定的逻辑思维能力。他从创新思维的要素角度对创新思维的含义进行了阐述。

北京师范大学的王桂娥老师说认为"所谓创新思维是指主体在一定的知识、经验和实践基础上，伴随着思维方式的变化提出新的理论、观点和想法的思维过程。这种创造性的思维活动能够产生前所未有的成果，推动人类文明的发展"。

创新思维是培养创新能力的起点和关键，创新思维是思维的最高级形态，是开拓人类认识新领域的、有创见的一种思维。创新思维是人们在已有经验的基础上，在实践中遇到新问题找出解决新问题答案的思维。创新思维的最大特点在于它的流畅性、变通性、新颖性和独创性，这些特性的产生巧妙地发挥了人脑思维的潜能，凡是能想出新点子、发现新方法、创造出新事物的思维都属于创新思维。其精华是同中求异，异中求同。随着人类社会的发展、科学技术的进步、人们认识的不断深化，它是在形式逻辑上逐渐发展和完善起来的思维状态的最高境界。

总之，创新思维是指主体在创新意识的支配下，突破原有的思维模式，创造出的前人或他人尚未创造的，独特新颖，且具有现实价值的思维成果的一种高级思维活动，是一种高级的心理活动。它具有独特性、新颖性、现实价值性、突破性或超越性等主要特征。

## 二、创新思维相关心理理论

创新人才的成长应以全面发展为基础，而全面发展应以创造性的发展为最高目标，两者是紧密相连的。这就存在一个创造性的问题，即创新主体（群体或个体）所具有的创新属性和必须具备的创新素质，或任何一个创新人才在进行创新过程中都必然表现出的特有的心理（创新心理）特征，主要包括相互联系又相互制约的 5 个方面。

### （一）创新意识

创新意识是一种不安于现状的精益求精的意识，是一种对任何未知的问题、未知的领域具有的强烈的尝试冲动，它是创新主体必须具有的重要心理品质之一。创新意识是创新心理素质形成的必要前提和基础，它是创新心理素质中一个有层次、有结构的动力系统。创新意识是一种求索进取、探寻新知识的内在渴求和需要，是推动创造者进行创造活动的动力，是促进人们积极寻求新奇事物的一种心理倾向。

### （二）创新精神

创新精神是指个体在创新过程中所具有的开拓进取意识。它表现为不满足于现有的知识和现成的定论，不盲目迷信和崇拜权威。对已作定论的东西，能大胆、合理地提出质疑或提出自己的新见解、新观点。不因循守旧、墨守成规，敢于独辟蹊径，开拓新领域。

### （三）创新思维

创新思维是培养创新能力的起点和关键，创新思维是思维的最高级形态，是开拓人类认识新领域的、有创见的一种思维，是人们在已有经验的基础上，在实践中发现新问题、并找出解决新问题的答案的一种高级思维。

### （四）创新能力

创新能力主要是指主体为完成创新活动所必备的各种能力的总和，也包括在创新实践中必须具备的各种技能、技巧，两者分别体现在创造性认知和创造性实践活动中。在创造性认知过程中，主要表现为敏锐的观察力、丰富的想象力和良好的创造性思维能力。在创新活动中，直觉、灵感等非逻辑思维和发散性思维都具有重要作用。同时，创造性活动还需要强有力的逻辑思维的支持，以及灵活的应变能力、独立工作能力和合作能力等。在创造性实践活动中，创新能力主要体现为主体从事实际操作活动的高超技能、技巧，包括正确地选择试验类型、灵活地采用方式方法，以及熟练地运用操作技能等。

**（五）创新人格**

创新人格是指个体在创新过程中心理活动所特有的动力特征，主要包括创新动机、认识兴趣、成就动机、理想、信念和价值观，以及情感、意志、自信心、独立性等。这些创新品质要素大致包含动力因素、导向因素和保障因素3个维度。动力因素的核心是好奇心、求知欲、认识兴趣和成就动机，其目的是唤起求知欲，激起创造的动机，进而形成成就动机。此外，创新人格还包括以勤奋、合作、奉献等品德为主的创新道德。

现代心理学家研究表明，创新型人才在人格（或个性）上有以下8个特点：①高度的自主性和独立性；②旺盛的求知欲；③具有强烈的好奇心，善于思考；④知识面广，善于观察；⑤工作中讲求理性和严肃性；⑥丰富的想象力，敏锐的直觉，具有抽象思维的能力；⑦富有幽默感；⑧意志坚定，品质出众。我们认为还要加上一个特点：富有挑战精神，敢于冒险。这些都应当成为创新主体的创新人格的基本内容和主要标准。

从上述创新思维与创新心理的含义可知，创新思维是创新心理的一个组成部分，并且是其核心部分，而创新心理是创新思维的重要基础。上海财经大学教授陶国富认为“越来越多的人认识到，创造思维能力是未来社会中高素质人才的核心智力，没有创造力的人将面临随时被社会淘汰的危险。而人们创造心理的培养和训练，则是他们进行创造思维和创活动的重要基础。”还有学者认为，创新心理结构主要指创造性认识、情感及意志结构，包括洞察力、记忆力、创造性思维能力和想象能力，其中创造性思维能力是创新心理的核心。

创新心理是创新思维的重要基础，是整体。创新思维是创新心理的核心要素，是部分。两者相互依存、相互作用。现代心理学研究也表明，创新心理是创新思维的引爆器，是创新动力系统的重要组成部分。要进行创新思维，首先要有创新心理需求。可以说，没有创新心理的撞击，就很难喷发出创新思维的火花，不可能有创新成果，不可能加速社会政治、经济、科学文化的发展，也就不可能加快社会的进步。

## 三、培养创新思维的重要性

### （一）创新思维的作用

中国电子商务教父马云有这样一段关于“懒”的演讲，他认为这个世界实际上是靠“懒人”来支撑的。

“世界上最厉害的餐饮企业，麦当劳。他的老板“懒”得出奇，“懒”得学习法国大餐的精美，“懒”得掌握中餐的复杂技巧。弄两片面包夹块牛肉就卖，结果全世界都能看到 M 的标志。必胜客的老板，“懒”得把馅饼的馅装进去，直接撒在发面饼上边就卖，结果大家管那叫 PIZZA，卖得比 10 张馅饼还贵。”

以上这段话，从侧面反映出因为“懒”引发出的创新精神、创新思维。所谓，创新有法，思维无法，贵在创新，重在思维。只有创新思维的存在，才会有富有成效的新产品的诞生、一个有意义方法的提出，一个成功契机的诞生。正因为这些“懒人”的创造性发明和创新的出现，新行业得以诞生，企业得以发展，财富得以汇聚，社会得以进步，世界才有了今天这样的精彩。

### （二）创新思维的意义

不同行业和环境的创新思维，有多样的表现形式。但本质上，是人的一种思维能力的体现，创新思维在我们日常生活中有着异乎寻常的作用，今天，各行各业的人都非常重视创新思维的作用。

1. 创新思维促使知识融会贯通，知识优化组合

知识是多种多样的。一个人只能掌握一定量的知识范围，但创新思维的产生土壤绝不是贫瘠和单一的，这样就促使人们了解如“上至天文，下至地理”所说的多个领域，使知识的门类涉猎更广、体系化更强，同时在不断地思考和学习中，实现知识的融会贯通及知识的优化组合。

2. 创新思维促使企业自主创新，培养中国国际知名品牌

中国的民族品牌的树立，中国国际知名品牌的培养需要依靠自主创新，企业的产品没有创新就没有市场，企业的发展没有创新就难以维持，管理陈旧没有创新难免死气沉沉，可能导致企业缺乏竞争力。因此创新思维对于企业而言尤为重要。

中国的强大，离不开民族企业的发展，民族品牌的树立，是一个国家综合国力、经济实力的侧面体现。中国国际知名品牌的培养，企业文化创新、研发创新、管理模式创新等，都离不开创新思维的支持。

3. 创新思维能解放想象力，促进教育体制的完善发展

随着社会的发展，创新越来越显示出其巨大的作用。当前中国基础教育进行“新课改”，提倡素质教育。而创新思维就是素质教育之一——创新素质的核心。而基础教育“新课改”的实行，促进了学生的多方面能力发展，促使学生的自主能动性得以发挥，其想象力得到激发和保护。

4. 创新思维能促进社会重视创意产业发展，督促立法体制的完善

当今行业类别宽泛，很多行业都需要创新思维，如创意产业等行业的发展，要依靠想象力和创造力才能获得发展。而是否具有创造力、创意能力，也是评判他们是否适合此行业发展的标准之一。

如果社会各界重视创新，也就会对这些原创作品更加推崇，进而促使人们尊重原创、反对剽窃。如果个人、团体及社会同时加强对原创作品、创意创新的保护意识，势必促进创意产业的蓬勃发展，推进相关部门对此类行业的知识产权保护，从而促进相关法律法规更加完善。

## 【知识小结】

①创新思维，是指主体在创新意识的支配下，突破原有的思维模式从而创造出了前人或他人尚未创造的，独特新颖，且具有现实价值的思维成果的一种高级思维活动，是一种高级的心理活动。

②创新思维具有独特性、新颖性、现实价值性、突破性或超越性等主要特征。

③创新思维对于个人、社会都具有重要意义。

**【知识拓展】**

①华中科技大学公开课．创新思维的源泉与机械系统［EB/OL］.（2016-8-14）［2019-10-24］. http://open.163.com/newview/movie/free?pid=M8NCRSO47&mid=M8NL0M4A.

②托马斯·沃格尔．创新思维法：打破思维定式，生成有效创意［M］．陶尚芸，译．北京：电子工业出版社，2016.

③约翰·斯维尼，艾琳娜·伊梅尔茨卡．创新者的心智模式：培养创新思维的五大行为习惯［M］．龙红明，李妍，译．北京：人民邮电出版社，2016.

## 第二节　大学生创新思维

**【基础知识】**

### 一、大学生创新思维的特点

创新思维是一种辩证性的思维活动，大学生创新思维表现为以下4个特征。

#### （一）求同性与求异性的辩证统一

新事物总是产生于旧事物的基础之上，我们所讲的创新思维会对旧事物进行分析、辨别，对其合理的成分认同并吸收，对其不合理的成分进行淘汰，与此同时，还会补充旧事物中没有的新元素。因此，具备创新思维的人可以从众人认为非常一致的现象中找出不同之处，从而不随波逐流，也可以在众人认为完全不同的现象中找出共同点，而不人云亦云。同时，他们能在纷繁复杂的现象或意见中，既充分考虑各种现象或意见的共同点，又充分认识它们的不同点，不片面肯定或否定。

#### （二）确定性与不确定性的辩证统一

“新”与“旧”是相对而言的，旧事物不断发展就产生了新事物，所以，想要创新就需要先对原有事物有一个确定的认识和判断，然后才能创出新的东西。也就是说，创新思维者在进行创新思维的过程中，每一个环节都要明确无误地做出判断，但是，他们的每一个论断都只能被看成是暂时性的正确结论，不可轻易断言为绝对真理；要充分认识到确定是相对的，不确定是绝对的，而且确定性与不确定性是连续运动的，即由不确定到确定，再由确定又到不确定的不断循环的过程。

**（三）聚合性与发散性的辩证统一**

具有创造性思维的人在思考任何问题的时候都需点面结合，既要有宏观的系统性发散思维，又要有微观的局部性聚合思维。任何一个思维过程都是由点到面，再由面到点，或者说由局部到系统，再由系统到局部的交替过程。聚合性思维主要包括组合思维和归纳思维；发散性思维主要包括联想思维、类比思维、逆向思维等多维度的思维方式。

**（四）形象性与抽象性的辩证统一**

人们在一般情况下，都习惯运用形象思维，而不善于运用抽象思维。我们可以思考一下，被苹果树上掉下来的苹果砸到过的人有很多，为什么只有牛顿发现了万有引力定律？用浴缸洗澡的人也有很多，为什么只有阿基米德躺在浴缸里洗澡的时候悟出了浮力理论？这正是因为一般人只习惯于形象思维，不善于抽象思维。形象思维的特点是借助物质的具体形态或图形进行思维活动，而抽象思维则是借助语言文字进行思维活动。科学家不仅通过观察事物、模拟实验进行研究，同时他们更多的时候是在进行抽象的逻辑推理和论证。

## 二、大学生创新思维的培养

必须注重学习和训练才能获得创新思维能力。那么，如何进行培养呢？

**（一）要将逻辑思维和非逻辑思维两种思考方法并重**

在人们的传统观念里总认为创新思维好像是非逻辑思维方法的“专利”，好像只有跳脱出逻辑才算创新。而事实上，创新思维既需要非逻辑思维方法的辅助，又需要逻辑思维方法的推动，两者缺一不可。如果我们把思考比喻为一部行进的自行车，那么在培养创新思维能力的过程中，逻辑思维方法与非逻辑思维方法就像是两个轮子，如果我们想要使这部自行车动起来不断前进，那我们就必须让两个轮子协调运转。当我们面对问题的时候，非逻辑思维方法可以促使我们提出新思路、新设想，让我们打破常规套路，不断摸索、试探；而逻辑思维方法可以让我们对提出的新思路、想法进行整理、加工和筛选，最终找到解决问题的最佳方案。运用非逻辑思考方法侧重于使人的思考活动具有流畅性、灵活性和独创性；运用逻辑思考方法侧重于使人的思考活动具有准确性、严密性和条理性。有人形象地把其比喻为："既异想天开，又实事求是。"而学生在以继承为中心的传统教育下，常偏重于逻辑思考而忽略了非逻辑思考，使本应一起转的轮子变成了一边转。

**（二）要重视"创新"培养**

面对日新月异的世界，我们必须重视学生的创新精神的培养和创新能力的提升，必须转变以往妨碍学生创新精神和创新能力发展的教育观念、教育模式。在培养学生创造性思维的过程中，必须重视发展学生的个性、特长和爱好，避免"千人一面"的单一的培养模式，引导学生进行"人才自我设计"。让学生积极主动地根据自己的爱好去学习，避免注入式、填鸭式的教学。要改变传统的老师在课堂上向学生灌输，让学生解答给定题目的教学方式，让学生在学习中体会到学习的乐趣，不断激发他们学习的积极性和主动性。要让学生在反复的实践和屡遭挫折中体味"发现的喜悦"、体会"创造的喜悦"。教育的结果不仅仅是让学生学到什么，更重要的是要学会如何探索。最终才能达到在没有问题的地方发现问题，在没有答案的地方寻找到答案。

强化综合实践训练：听别人说并不是获取知识最有效的办法，实际去做才能更有效地接受信息，更能培养人们的创造性。在这方面，西方的教育模式有值得我们借鉴的地方。例如，在美国，老师会要求 8 岁的学生用一个月的时间观察月亮盈亏，每天用笔画下月亮的形状并进行描述；要孩子带种子回家种下，观察记录其发芽生长的过程等。

加强师生交流，建立平等、和谐的师生关系，提倡师生共同研讨问题。传统的师生关系大多是"权威—依从的关系"，教师不仅是教学过程的控制者，也是教学活动的组织者、教学内容的制定者和学生成绩的评判者，而师生之间应该能在平等的水平上交流意识，探讨知识，这实际上应是一种平等的人格关系。

此外，要把科学研究引入教学过程，努力使教学过程带有研究的性质，推行教育教学的个性教学模式，如开辟第二课堂等，都可以作为培养创新思维的一种有益尝试。

## 【训练活动】

### 一、暖身阶段

**活动一** 谁是落花

活动目的：制造新奇感，活跃气氛。

活动道具：无。

活动时间：10 分钟。

活动程序：

①所有同学在场内走动。

②主持人喊“马兰花开，马兰花开”，接着同学们喊“开几瓣？”主持人再喊“开 × 瓣”（ × 表示小于成员数的任意数目）。

③成员听到后，尽快以相应的 × 个人围成一圈，手拉手，未能组成相应 × 数的学生就是“落下的花瓣”（以下简称“落花”）。

④“落花”介绍自己并作才艺展示。

⑤继续在场内走动，重复以上步骤。

注意事项：

①活动全程中，指导师要和同学有积极的语言互动，对“落花”要以鼓励肯定的正向态度来引导，不要让“落花”有被惩罚的负面心理。

②指导师要观察男女生总数情况，根据性别，比例小的一方的总数，将其均匀分成 × 组，以便于后面的活动开展；因此在第七个程序中要强调清楚“双色”中的女生或男生数，以确保分组的结果中，各组的男女生人数基本相同。

③该活动作为暖身阶段，指导师在活动过程中不宜做讨论和分享，以鼓励参与、活跃气氛和完成分组为目的。

## 二、转化阶段

**活动二** 团队分组

活动目的：将学员分成五组，每组 5~6 人。

活动道具：无。

活动时间：5 分钟。

活动程序：

①在暖身活动的基础上，告知同学们活动升级为“双色 × 瓣花”活动，“双色”代指男女生，“× 瓣”代表人数。对出错的小组，可以征求其他小组同学意见，采取相应的小“惩罚”措施，以活跃气氛为目的。

②人员分成五组。

③小组讨论确定小组长，并确定组名。

**活动三** 头脑风暴

活动目的：增强自信和幽默感。发散性地思考问题，迅速转动大脑寻求各种方法解决问题，激发学员的创造性思维。

活动道具：无。

活动时间：15 分钟。

活动程序：

①培训师给出“报纸”一词。让学员在 1 分钟以内尽可能多的想出它的用途。

②每个组选出一人记载本组所想出用途的数量，在一分钟之后，推选本组中最新奇、最疯狂、最具有创意的报纸创意。想法最多、最新奇的组获胜。

活动讨论：

①面对“报纸”这样普通的物品，你所在的小组是根据一个什么样的思路来搜罗其用途的？在这个过程中，你的感受如何？（想法最多、

最新奇的小组同学来分享）

②头脑风暴对解决问题有何好处？它适用于解决什么样的问题？

注意事项：

①不允许有任何批评意见，只考虑想法，不考虑可行性。

②想法越古怪越好，鼓励异想天开。

③可以寻求各种想法的组合和改进。

## 三、工作阶段

**活动四**　八仙过海

活动目的：通过紧张刺激、趣味十足、挑战性极强的活动，激发参与者活动和思维创造力。

活动道具：无。

活动时间：25 分钟。

活动程序：

①所有同学站到活动室的一侧，到达另外一侧，每个人的通过方式不许和别人的通过方式重复，如图 6-1 所示。

图 6-1　“八仙过海”

②所有成员逐一通过。

③所有成员以小组团队形式再次逐一到达活动室另一侧。通过方式依然要求不和其他小组中的成员通过方式有重复。

④所有人都完成之后，结束游戏。

讨论问题：

①你认为获得同样一个结果，方法有多少种？

②可以相互交流之后，与个人相比，团队的力量对你的改变，体现在何处?

③如果让你通过无限多次，你可以吗?你是否创造性地找到了这个活动的秘籍?

**活动五** 建塔游戏

活动目的：

①帮助学生开拓思维，积极创新，追求形式与内涵的和谐。

②让学生在团体合作中体验领导、配合、服从等角色。

活动时间：25 分钟。

活动道具：每组等量的大报纸、透明胶、剪刀。

活动程序：

①要求各组根据已有材料，在 20 分钟内完成搭建“塔”的任务。需要给“塔”命名。

②每组派出一名观察员，只能观察，不能交流。

③各组介绍小组的“塔”，并比较其坚固性和高度，评出最佳。

④观察员分享观察报告。

注意事项：

①建议与“塔”留影。

②不否定寻找其他的帮助道具。

③强调“塔”是必须可以移动的。

## 四、结束阶段

**活动六** 互相按摩

活动目的：放松，总结。

活动时间：5 分钟。

活动道具：无。

活动程序：

①围成一个圈，前后排列，每位同学都给前面的同学按摩肩部，手

指动作为：轻拍、轻捏和轻敲。培训师喊口令，重复这3个动作。

②做完之后，所有同学180°转身，重复上述动作。

③活动总结，提醒每一位同学话语要简短，只说一句感受。

## 【训练小结】

通过以上活动，你们团队成员是不是互相之间已经有了一定的了解，你是否发现了每个人思维方式的不同，你是否已经判断出自己是否具有创新思维？如果没有，你是否学到了一些同学的联想方式？接下来，你要思考如何打破自己的固有思维模式，突破障碍，培养自己的创新思维。另外，你是不是已经发现，大家的思维越来越活跃，自己的创新能力也在不断被开发。你现在是否已经掌握了发散思维、收敛思维、质疑思维、联想思维等创新思维的特征和方式？接下来，你要做的就是不断加强创新思维的训练，不断提高自己的创新思维能力，用创新思维去解决问题。

培训师反馈：在班团建设中运用了以上活动。活动过程中，明显感觉到学生们的思维被打开了，他们的能动性变强了，遇到问题开始知道转换思路，从不同角度去思考问题，当解决问题的过程受到阻碍，他们会选择别的途径，甚至模仿身边的伙伴。几个活动结束后，班里的同学明显更加活跃，凝聚力也有所加强。

同学1：我一直是个比较内向的人，通过这一系列的活动，我明白了敢想的同时也要勇于付诸实践，要和周围的人交流、团结。因为每个人的思维方式都不同，每个人身上都有值得我们学习的东西。

同学2：通过这个课，我更加明白了每个人的思维方式和理解能力都不一样，这让我更加能对周围的同学有耐心。另外，也让我知道了创新思维的重要性，拥有创新思维，解决问题的途径会变多，效率也会变高。

## 【训后总结】

当小李同学结束了一个学期的大学生领导力培训课程后，我们对其进行了回访，发现他的心态明显积极了很多。他自己也表示通过创新思维训练后，他能够有意识地让自己在日常生活中运用创新思维去解决问题，同时处理问题时也有意识地去多想几种可能性，并寻找最优解决方案。渐渐地，他发现其对自己已接触和未接触领域的好奇心都越来越大。在创业班中，小李也找到了志同道合的伙伴，并发挥自己本来的专业优势，找到创新点，创立了创业项目。而他们的创业项目，在后续“互联网 +”创业大赛中也获得了不错的奖项。

# 第七章　积极心态之意志责任训练

## 【训练导言】

意志是指人在完成一种有目的的活动时，所进行的选择、决定和执行的心理过程。责任是体现一个人社会价值的重要指标，它体现了个体看待他人、社会的态度及对自身价值的相关定位。

有目的地培养学生良好的意志品质，使他们成为坚强、独立、自制、有韧劲的人，是学校实施卓越工程教育的重要环节。通过本章学习及训练活动，让学员在实践中体验成功需要耐心、毅力及责任感支撑，引导学员磨砺坚强的意志，明确自己的目标，培养健全的人格来迎接挑战。

- 我是否缺乏意志、缺乏激情？
- 我是否经常犹豫不决？
- 我是不是沉迷于网络游戏，自控力很差？
- 我是否意志力浮躁，总喜欢说“等我 ×××，我一定能 ×××”？
- 我是否缺少持久的耐力？

……

很多人认为意志力强弱是天生的，这种说法其实是不正确的，意志力完全可以通过后天的训练来提升，每个人都能够成为意志力强大的人。意志是人的最高领袖，意志是各种命令的发布者，当这些命令被完全执行时，意志的指导作用对世上每个人的价值都无法估量。

## 【训练目标】

认知目标：

①掌握责任、意志的内涵与分类。

②理解责任、意志对成长成才的影响。

能力目标：

①通过后天的训练来提升，成为意志力强大的人。

②一步步战胜自身的惰性，获得超强的意志力。

③在系统地学习后，我们将在工作与日常生活中学会应用这种强大的力量，重塑自己的人生，夺回生活的控制权。

## 【训练案例】

### 案例基本情况

两位大三学生同时进入一家公司实习。一名叫张某，女，她工作很认真，也很勤奋。在8小时之内，老板吩咐她做什么她就做什么，但是她的目标仅仅停留在把这些工作做完。另一名叫李某，男，他不仅认真完成工作，而且他让自己每天都多做一点点。每天进步一点点，每天他都比张某要晚下班一点点。哪怕晚下班5分钟，他都会看看上司还有什么事情需要他做，需要他搭把手的，他都会去做。每天早到办公室一点点，早早规划一天的工作。每天都多学一点点，花出一定时间来读书进修，每天看10页书，每天多想几个问题，每天都做到在明天到来之前有一点点改进，仅此一点点而已。但就这样一点点的不同，一点点的积累，一年之后张丹和李华之间的差距越来越大，张某被单位拒之门外，而李某已经和公司签订了就业协议。

案例分析和启示：每天进步1%，这是戴明管理学的方法。这个方法的实施令日本企业获得了巨大的收益。所以在人生的马拉松中，需要不停地冲刺，用冲刺的心态来跑完马拉松，心态不同，结果肯定也大不相同。如果每天都对自己有一点小小要求的话，意志便会磨炼得越来越强，而且会越来越坚韧。

# 第一节 意志责任

**【基础知识】**

## 一、意志与责任

### （一）意志

1. 意志的概念

《中国学前教育百科全书》对于意志力的定义为：意志力是人们为达到既定目的而自觉努力的程度。意志力表现在人们行动的过程当中。意志力强的人，往往能够自觉地确定目标、有原则地执行决定、果断地做出判断。

国内学者对意志力也做出了类似的定义。马剑侠教授对意志力的定义是："人自觉地确定目的，并根据目的支配、调节行动，克服困难，实现目的的心理过程。"徐平教授进一步指出："意志作为心理过程具有三个基本特征：①意志与随意行动密不可分；②意志行动具有明确的目的性；③意志行动与克服困难相联系。"杨欣虎认为"意志力是指人们根据一定的立场观点信念，为实现某种目标而进行的各种努力行为的心理状态。它既调节人的外部行动，又调节人的内在心理，是人们认识、改造客观世界和主观世界，发展能力，走向成功不可缺少的心理素质。"

2. 意志的体现

"意志，指的是一个人能够自行确定行动目标，并且能够根据目标来支配并且调节自身行动，克服一切阻力，最终实现目标的一种心理过程。"每个人所表现出来的意志力都是不同的，人的意志力是其多项意志品质综合作用下所产生的。而影响较为深刻的意志品质便是自觉性、果断性、坚韧性及自制性（表 7–1）。

表 7-1　意志的体现

| 意志品质 | 具体体现 |
| --- | --- |
| 自觉性 | 需要明确行动目标，要能够不畏艰难地为了这一目标的实现自觉地采取行动。 |
| 果断性 | 在遇到问题、等待决策的时候，应该深入分析利弊，及时准确地做出判断，切不可优柔寡断。 |
| 坚韧性 | 主要表现的是一种永不言弃的精神，在明确了目标之后，尽管在实现目标的途中会遇到许多困难，但是要能够克服困难，坚持到底。 |
| 自制性 | 最关键的是要能够控制自己的欲望及情感，切不可过于感情用事。 |

意志是人类精神领域中不可分割的组成部分，是人心理过程的重要组成部分，是反映人的心理活动水平和心理健康水平的重要指标。在我们每个人的生命中，意志发挥着异常重要的作用。大学生要实现自己的理想和目标，就应该在实践中有意识地磨炼自己，培养良好的心理承受力和坚强的意志品质，始终保持勇于挑战、勇于奋斗的精神状态，要有战胜困难和挫折的坚强意志。

**（二）责任**

1. 责任的概念

责任是指“有胜任能力的人在社会生活中应承受的负担，以及对自己选择的不良行为所承担的后果”。它指的是一种人与人之间的相互支持（依存）关系，包括人与自身、人与他人、人与集体和人与社会这几层相互支持的关系。

责任是指一个人在社会生活中应该承担的任务和完成的使命，它既是一个古老的伦理学概念，又是每个人在社会上的立身之本。就其本质而言，它是社会生活和社会关系对公民的现实要求，在整个道德规范体系中，责任居于最高层。责任的内涵有两方面：一是内在需求性，即公民在特定社会关系中存在任务的自由确认和自觉服从；二是外在规定性，即公民不可推托地对他人、对社会所承担的任务和使命，表现为公民在参与社会公共生活时，所负担的义务及由此承担的职责和任务。从公民的社会角色看，责任具有多样性：作为家庭的一员，有家庭责任；作为工作岗位上的一员，有岗位责任；作为社会的一员，有社会责任。责任因行为主体的社会角色的不同而异，但无论处于何种社会角色，行为主体都应尽责，这是社会的基本要求。

责任是外界条件对行为主体的客观要求，是对人的行为的外在约束和规定。从广义上来说责任主要有两种，一是道德责任，二是法律责任。从狭义上来说，人的责任可分为6种，即自我责任、家庭责任、职业责任、他人责任、集体责任和社会责任。每个人必须承担责任，责任是不能免除的。每个人都是权利主体，同时也是责任主体。在现代社会，一个有认知能力和理智行为能力的责任主体，必须对自主选择的行为负责任。

2. 责任意识

责任意识是指“社会成员对自己所应承担的职务、任务和使命的自觉意识，并自觉、认真地履行社会职责、参加社会活动等，把责任转化到具体行动中的一种重要心理品质”。责任意识是社会和谐的基石，反映了人与人、人与社会、人与自然的关系，体现了人的价值取向，展现了社会的和谐程度和文明程度。

基于对责任的认识，公民产生责任意识，即“公民在理解自身角色和社会要求的基础上，把握自身行为及其结果使之符合社会要求”。责任意识是公民对角色职责的自我意识及自觉程度的显现，它包括两方面：“人们的行为必须对他人和社会负责，人们对自己的行为必须承担相应的责任。”以责任意识为基础而产生的责任感是责任教育必须明确的又一个概念与内涵。从心理学角度看，责任感是指“个体对自己在承担人类社会和自身发展的责任中做出的行为选择、行为过程及后果是否符合内心需要而产生的不同态度的情感体验”。简而言之，责任感以责任意识为前提，以情感为基础，靠意志来维持，并通过责任行为反映出来。责任感反映的是人的价值问题，正是有了责任感，人性才得到了提升，人也才成为真正意义上的人。

## 二、意志责任相关心理理论

心理学研究早已证明，意志品质形成与发展的物质基础是一定的生理条件。美国心理学家艾里克森研究发现，一个人在儿童期随着身体发育，大脑皮层的抑制功能逐步增强和完善，人对自己的控制调节能力也逐渐加强，可以控制自己去做或不做某些事。在此基础上，人类才可能真正产生意志行动。阿尔波特认为，一个人的意志力一般情况下与其身体健康状况成正相关，因为身体越强健，其对待事情的自信心就越强，也越有能力完成任务，获得成就感，从而增强自信心。

“心理学的研究表明，决定一个人成就最重要的不是智力高低，而是心理品质，人类的一切进步无不是在意志品质的支撑下努力奋斗的结果。”从心理学的角度讲，意志和责任是人有意识、有目的地调节和支配自己的行动，克服困难，实现预定目标的心理过程。但意志力和责任感则因人而异，有人意志坚强，有人意志薄弱；有人做事果断，有人犹豫不决；有的人责任感强烈，有的人不愿意承担责任等。意志和责任并不是与生俱来的，它们在实践行动中形成，并表现在实践行动中。了解意志责任，对于培养优良品质、克服不良品质有重要意义。

责任感的强弱程度，正确与否的责任意识均会对意志品质产生重大的影响。如对于自觉性品质，独立自主意识是人按照既定的行动目的和计划调节支配自己行动的心理动因；对于果断性品质，独立自主意识是人勇于进行自我决断的心理支持力；对于自制力品质，独立自主意识是自律、抗诱惑的心理基础。青年大学生的自我意识和独立自主意识正在迅速发展，在此条件下，他们的意志品质发展进入了一个新阶段。但是，目前大学生存在的问题如下：有的大学生自我意识尚不健全，独立自主意识尚欠坚定；有的大学生，顺境时沾沾自喜，自我感觉良好，自我评价过高，甚至狂妄自大，而逆境时悲观消沉，自我评价过低，以至充满自卑感；有的大学生习惯于家长和学校替自己包揽一切的活动模式，有很强的依赖性，导致其责任意识淡薄；有的大学生的责任意识则呈现极大的片面性，为了追求独立自主而不分青红皂白地一概排他，拒绝他人的合理意见，拒绝他人的教育与管理。凡此种种，都不利于大学生意志品质的形成和发展。

【知识小结】

①意志是指个人自觉地确定目的，并根据目的来支配和调节自己的行动，克服种种困难以实现预定目的的心理过程。

②意志是人类特有的心理现象，是人的意识能动性的集中体现。

③意志行动是人的积极性的体现，分为采取决定阶段和执行决定阶段，其中采取决定阶段包含着动机冲突，分为双趋、双避、趋避和多重趋避冲突。

④意志品质主要包括意志的自觉性、果断性、自制性和坚韧性 4 种。

【知识拓展】

①耶鲁大学公开课. 意志薄弱性和拖延 [EB/OL].（2014-8-14）[2019-9-23]. http://open.163.com/newview/movie/free?pid=M8JK52FNV&mid=M8JKC4KSV.

②约翰 · 麦克阿瑟 . 领导力 [M]. 吴震环，译，海口：海南出版社，2010.

③哈佛大学公开课 . 共同责任的辩论 [EB/OL].（2015-4-8）[2019-11-10].http://open.163.com/newview/movie/free?pid=M6GOB7TT6&mid=M6GODIQQF.

## 第二节 大学生意志责任

【基础知识】

### 一、大学生的意志品质

#### （一）大学生意志品质的特点

我国现阶段大学生的年龄大多在十八九岁到二十五六岁，生理已经达到完全成熟，心理发展相对成熟，但这并不意味着社会性的成熟。在此背景下，部分大学生展现出了不稳定性、不平衡性、个体差异大、易受挫折和缺乏培养锻炼的特点。

1. 大学生意志品质具有不稳定性

随着心理独立性、社会性的发展和自我意识的增强，大学生意志的独立性、果断性、坚韧性和自制力等都得到了迅速的提高。多数大学生已经能够自觉地树立明确的行为目标，制订科学的学习生活计划，能够排除干扰、克服困难，为实现自己的目标而努力。但有时在处理关键问题、需要采取重要行动或做出重大决定的时候，又表现出犹豫不决、盲目跟从或轻率、武断等特点。由此可见，大学生的意志发展虽已趋向成熟，但尚需磨炼。他们在意志品质上体现出较高的水平，但仍具有不稳定的特点。

2. 发展具有不平衡性

大学生行为的目的性、自觉性有了明显的提高，但坚持性较差、惰性明显、缺乏恒心。大学生的自制力和理智性显著增强，但容易受暗示，在很大程度上还受情绪和心境的影响。大学生的独立性和果断性有了很大发展，但部分具有冲动性、固执性、依赖性和逆反性。大学生具有勇敢精神，勇往直前，敢说敢做的特点，但在意志行动中有时容易鲁莽、草率、感情用事，不考虑方式方法。大学生自我意识及思维的独立性、批判性的增强，促进了他们意志品质的进一步发展。但大学生思维的发展还不够深刻、全面和辩证，情绪、情感仍有不稳定的一面，在辨别是非和自我控制能力上还有待于进一步提高。

3. 大学生的意志水平还体现出较大的个体差异

不同的性格特征和生活经历，使大学生在日常生活中表现出不同的意志特点。有的大学生意志相对成熟，能够应付生活中的压力，承受挫折；有的大学生意志相对脆弱，不能正视困难，常回避困难或夸大困难给自己带来的不良后果。在不同的活动中，大学生的意志水平表现也不同：有的大学生在专业学习活动中表现出较强的恒心和毅力；有的大学生在自身道德修养方面有较高的自我约束力；而有的大学生则在自己感兴趣的课外活动上表现出持续的热情。

4. 挫折承受能力和应对能力普遍较弱

大学生处于青年后期，是人生发展的关键时期。他们具有充沛的精力和体力，思维活跃，有强烈的表现欲和发展欲，需求广泛而执着，个人的理想抱负水平普遍较高。同时，在大学生活中团体活动较多，学业竞争激烈，人际交往密切而宽泛。因此，大学生遭遇挫折是必然的，也是普遍的。由于大学生多数在基础教育阶段发展顺利，遇到挫折的机会不多，加上很多大学生是初次离开家庭，过群体生活，生活经验少，社会阅历不足，人格发展尚不成熟。因此，多数大学生挫折承受能力和应对能力普遍较弱，对生活中的挫折没有充分的心理准备，缺乏对挫折的正确认识和应对经验，甚至存在认识上的误区，以至于有时会采取错误的应对方式。由于大学生承受挫折的能力普遍较差，所以，大学生遇到挫折后的应激反应一般较为强烈：有的情绪过度低落，有的情绪异常激动，有的行为退化，有的行为过激，有的固执冷漠，有的自暴自弃，有的出现异常心理和行为，有的产生心理疾病。但挫折对人的意志力的培养也具有积极的一面，挫折的双重性决定了挫折能够磨炼人的意志，使人更加成熟、自信和坚强。

5. 意志品质的锻炼和培养明显不足

大学生涉世不深，经验不足，经受的挫折不多，比较缺乏意志品质的锻炼和培养。部分大学生意志品质中存在心理承受能力弱、生活自理能力差、依赖性强、缺乏吃苦耐劳精神等问题。如与朋友闹矛盾、恋爱不成功、生活习惯与同学不协调、活动中表现失败等，都可能使他们以自我为中心，控制不住自己的情绪，感情用事，采用偏激的言行去应对。此外，个别人还会表现出不考虑环境的变化，拒绝别人的建设性意见，或者固执己见、一意孤行，对事情的发展不做细致的分析而匆忙作出决定等情况。

**（二）大学生意志品质培养的重要性**

大学生活对一个人的成才具有重要作用。中学是普通教育，是成才打基础的阶段，而大学阶段是“学习继续期”向“创造活动期”转变的过渡阶段，也是一个人世界观形成的关键时期。在大学阶段，经过严格正规的训练，青年大学生可以积累进行创造活动所需的专业知识，提高综合能力，为进入社会适应社会生存和成才做准备。然而事实上，并不是所有拥有大学学习条件的学生都能成才。如有的沉迷于上网打游戏，有的沉迷于谈恋爱，有的找不到自己的学习目标，有的适应不了大学的独立生活和人际关系等。这些学生和学有所成的同学相比，在智力因素上可能相差无几，造成这种差异的原因主要是心理素质（非智力因素）的不同，而在所有的心理素质中，意志品质的差异最为明显。由此可见，大学生意志品质的培养具有非常重要的意义。

### （三）大学生意志品质的培养

良好的意志品质不是天生的、自发的，而是在社会活动过程中逐步形成的。意志培养是一个古老的话题，古今中外都曾受到重视。中国古代的孟子主张“苦其心智，劳其筋骨，饿其体肤，空乏其身”来锻炼人的顽强意志，从而培养“富贵不能淫，贫贱不能移，威武不能屈”的“大丈夫”。对大学生意志的培养，本书主要从以下四方面入手。

#### 1. 树立崇高的理想和远大的志向

加强马列主义、毛泽东思想和邓小平理论的教育，使他们树立科学的世界观、人生观和价值观，正确对待人生和人生的价值。只有树立崇高的理想和远大的志向，才能形成科学的世界观，才能有坚强的决心、顽强的毅力，才能意志坚定、勇往直前。理想的实现要靠脚踏实地的工作来保证，要教育学生用理想指导学习、激励学习。只有把崇高的理想融化在学生的行动中，渗透在他们的日常生活中，并使其成为他们的行动目标，学生的意志品质才能真正得到培养。

#### 2. 加强道德法纪教育，增强道德观念和法纪观念

加强对学生的道德教育和法纪教育，让他们学会用道德标准评判自己的行为，学会用法纪规范自己的行为，做到知法、守法、用法，提高自我约束能力和自我调控能力，尤其是针对近年来大学生中出现的考试违纪行为、高科技犯罪、网络犯罪等个别现象，更要有针对性地进行预防和教育。使他们在道德和法纪的约束下，增强自觉性和自制力，抵制不良诱惑。

3. 在困难中磨炼意志

"宝剑锋从磨砺出，梅花香自苦寒来"，坚强的意志是在同困难作斗争的过程中磨炼出来的。教师应引导学生在学习、活动中磨炼自己的意志，如坚持体育锻炼，独立完成作业，坚持自学，独立完成论文及课题设计等。引导学生积极参与这些活动有利于培养学生的自觉性和坚韧性等意志品质，从而有助于未来大学生学习和事业的成功。

4. 启发学生加强意志的自我锻炼

意志是意识的能动方面，它表现为人的意识对行为的自觉调节和控制。在培养学生良好意志品质的过程中，外因的影响必须通过学生的自我锻炼才能真正起作用。因此，使学生养成自我检查、自我监督、自我评价、自我激励等良好习惯，非常有利于培养他们良好的意志品质。如启发学生根据各自的特点制定出不同的、切实可行的、经过努力能够达到的计划和目标，并不断调整完善，使他们能够感觉到自己的计划正在一步步地落实，目标正在一步步地实现，这样就会产生一定的成就感，从而激励他们提升其行动的自觉性。

## 二、大学生的责任意识

责任是人的一种存在方式，它伴随着人类社会的产生而出现，并随着社会和时代的发展而不断变化。《现代汉语词典》中对责任的定义是：①分内应做的事；②没做好分内事应承担的过失。因此，可以说责任是在一定的历史条件下，作为社会人对其扮演的社会角色所应当承担的职责和履行的义务。而责任意识则是指人们对于所承担和履行的这种职责与义务的自觉认识。

### （一）当代大学生责任意识的体现

1. 对自己负责的意识

对自己负责是对他人和社会负责的基础和前提。一个人只有首先具备自我责任意识，才能更好地将其提升为对他人、对社会及对国家的责任意识。因此，当代大学生首先应当珍视自己的生命与健康，关注自己的未来与发展，丰富和提高自身的科学文化知识和思想道德修养，使自身的潜能得到最大限度的发挥，使自己的发展更加全面和完善。

2. 对家庭负责的意识

当代大学生作为家庭的一员，长期以来享受着父母和其他长辈的照顾与关爱。因此，他们应当充分认识到在自己的成长历程中亲人所付出的辛劳，认识到自己所承载的父母的期望与寄托，进而主动承担起对父母应尽的责任和义务。

3. 对国家和社会负责的意识

人是组成社会有机体的细胞。所以，每一个社会成员都应当具有对国家和社会高度负责的意识，并自觉承担起国家和社会赋予的责任。只有这样，才能促进“社会有机体”的协调发展，同时也使个人的利益得到满足。作为社会群体中知识层次较高的当代大学生，应当遵守社会公德和各种法律规范，主动了解国情，自觉维护祖国统一，正确认识社会发展的基本规律，坚定共产主义理想信念，使自己的人生目标同社会的发展目标相一致，服务人民、贡献社会。

4. 对全人类负责的意识

随着科学技术的迅猛发展，世界各国的联系更加紧密，任何一个国家都不可能孤立存在。因此，当代大学生应当树立全球化和国际化观念，从人类社会发展的视角来看问题。关注当今世界的环境、人口和能源等问题并为解决这些问题而努力学习和实践，主动承担起为人类长远发展、为子孙后代负责的重任。

**（二）当代大学生在责任意识方面存在的主要问题**

从整体状况来看，绝大多数学生对我国社会所倡导的价值观念是认同的，关心国家、社会和自我的发展，也明确自身所承担的责任。这一点从 2008 年我国四川大地震和成功举办奥运会等重大事件中都可以得到证实。在这期间，许多大学生作为志愿者积极投身到服务他人、奉献社会的活动中，表现出了强烈的爱国热情和高度的社会责任感，树立了当代大学生的良好形象。但我们也不得不承认，在大学校园中确实存在着个别责任意识缺失现象。

**（三）大学生责任意识培养的必要性**

高校在思想政治教育中，把强化大学生公民意识教育作为大学生责任意识培养的重要内容是十分必要的。不同国家公民教育的目标和内容不尽相同，我国大学生公民教育要根据我国国情的要求，以造就“四有”公民为目标。党的十四届六中全会明确提出：“社会主义精神文明建设的目标是培养有理想、有道德、有文化、有纪律的社会主义公民。把实现以思想道德修养、科学水平、民主法制观念为主要内容的公民素质的显著提高，作为今后15年精神文明建设的主要目标之一。”

**（四）如何培养大学生的责任意识**

1. 突出责任意识培养的主体性

著名教育家叶圣陶曾经说过，“教是为了不教”。一切教育方法的归结点都在于激发教育对象接受教育的内在动力，都在于培养学生主体爱好、兴趣、求知欲等。坚持以人为本，创新教育方法，关键是要更加突出大学生在接受教育过程中的主体地位，以激发他们内在的学习动力。责任意识的形成过程是一个不断接受教育、不断内化的过程，责任意识的培养不仅仅需要文化法律知识、道德要求的传授，更是责任主体的一种自觉意识和行为。可见，加强大学生责任意识培养，就需要我们在实施培养的过程中突出学生这个主体，注重激发和引导学生的主体意识。要更新教育理念，改变单一的教育工具论的观念，强化体验式教育，针对大学生的实际，充分发挥他们的主观能动性，加强自我教育、自我管理、自我服务。要从理论教学和社会实践两个层面更加突出大学生在责任意识培养过程中的主体作用，深化课堂教学改革，坚持理论联系实际，改革教学方式，完善教与学的关系，创新实践方式，切实把大学生自身的发展与责任意识培养紧密结合起来，使他们对承担责任产生认同、形成习惯，并内化为自我品质。

2. 把握责任意识培养的层次性

责任意识的培养要坚持从大处着眼、从小事着手，既讲大道理，也讲小道理，切实把握好责任意识培养的层次性。要坚持以社会主义核心价值体系为统领，以理想信念教育为核心，引导大学生树立正确的世界观、人生观和价值观，把个人的前途命运自觉融入中国特色社会主义伟大事业中；以爱国主义、集体主义、社会主义教育为重点，引导大学生把国家、集体、个人的利益有机结合起来，坚持国家利益、集体利益高于个人利益。针对大学生思想的实际和生理心理的特征，紧密联系大学生的学习、生活实际，采取多种方式，帮助他们了解和认识社会，正确判断和分析社会发展过程中出现的各种问题，明确正确的价值取向和人生方向。要把握先进性与普遍性的辩证关系，遵循思想政治教育的规律，立足大学生成才需要，体现个人价值实现的要求，着眼公民基本道德规范的培养，加强个人责任意识的教育，把对社会负责与对自己、家庭和他人负责有机结合起来，夯实学生基本的道德素质，促使更高道德层次的形成。

3. 强化责任意识培养的实践性

“社会实践是大学生思想政治教育的重要环节，对于促进大学生了解社会、了解国情、增长才干、奉献社会、锻炼毅力、培养品格、增强社会责任感具有不可替代的作用。”责任感是认识过程、行为过程和情感过程的统一，就大学生而言，不是缺乏对责任内涵的了解，而更多的是不能自觉、习惯地去践行。因而，加强大学生责任意识的培养，既要从理论层面去进行深入的引导，又要在实践中反复践行，达到感性认识与理性认识的统一。把实践环节作为责任意识培养的关键环节，加强责任实践和责任行为的养成教育，广泛开展各类实践活动，引导大学生走出课堂、走出校园，深入社会，在实践中了解社会、认识国情，加深对自身责任意识的理解和体会。

## 【训练活动】

### 一、暖身阶段

**活动一** 修理收音机

活动目的：活跃现场气氛、增强团队的凝聚力。

活动道具：收音机修理工作区图纸一张，收音机一个，秒表一只。

活动时间：10 分钟。

活动程序：

①随机分 2 组修理破旧收音机。（收音机由 1~50 个数字组成，每个数字代表一个零部件。）

②每组成员 3 分钟商讨时间。

③由计时员对两组队员修理过程进行计时。

活动要求：

①每组每个成员都要对收音机零部件按照数字大小顺序进行修理，不可重复。如任何一名成员出现修理顺序错误，则该成员重新修理。

②每次只能有 1 名队员进工作区开展修理工作。

## 二、转化阶段

### 活动二　水果家族

活动目的：通过肢体语言的表现形式，达到热身和活跃气氛的效果，并可以加深彼此了解，此游戏也可用于分组。

活动道具：无。

活动时间：10 分钟。

活动程序：

①主持人要求每个成员想一样自己喜欢的水果。

②成员不出声，仅靠自己的肢体语言来表现出自己最喜欢的一种水果，并找到和自己喜好相同的成员。

③所有人找到自己的同伴之后，各组成员一起表演，向大家展示本组所喜欢的水果是什么，并说出喜欢的理由。

活动分享：

①用肢体语言来表现自己喜欢的水果困难吗？

②你是否会为表演方便而选择不是自己最喜欢的水果？

③找到和自己喜好相同的伙伴时有什么感受？

④你觉得在众人面前表现尴尬吗？

活动评价：

把肢体表现形式和个人喜好联系起来，既可以热身又达到分享和了解目的。

## 三、工作阶段

**活动三** 信任后仰

活动目的：

①体验在一定的风险中，如何信任及支持他人。

②培养成员间的信任感和责任感。

活动道具：无。

活动时间：15 分钟。

活动程序：

①两人为一组搭档。相互交叉抱住对方的双臂，一人说：“你准备好了吗？我相信你。”另一人回答：“我准备好了，请相信我！”然后双方均后仰。

②一名成员站在两组成员的中间，以相同姿势和说法，向小组成员倒去。大家接应她，如图 7–1 所示。

③每人轮回。

图 7–1 信任后仰

注意事项：

①特别强调安全动作。

②尤其注意身材高大同学的安全。

③的确存在不能突破自己恐惧感的学生，不强迫参与此活动。

活动分享：

①作为体验者，你的心理感受是什么？

②你认为，如何能促使任务顺利完成？

活动要点：

活动的参与者要能够体会到自己对体验队员需要承担的责任，要全力保护体验队员的安全。因为，每个成员都会参与到体验中，开始的时候可能没有意识到自己在活动中的重要作用和自己应该承担的责任重大，当作为体验者参与其中的时候，把身体交给其他队员的时候，会意识到，同伴的保护意识和自己对同伴的信任，对任务的安全完成是多么重要。

**活动四** 相依为命

活动目的：

①培养学员的责任感和人际信任感。

②培养学员的合作精神和协调能力。

③培养学员克服困难的毅力和胆量。

活动道具：长管，支撑木块。

活动时间：25 分钟。

活动要点：

学员相互支撑，两个人面对面、手挽手在渐变的长管上，从窄的一端一起走向宽的另一端。

活动程序：

①询问并记下学员对于相互协作行走的心理预期。

②由培训师对项目的操作进行讲解。

③询问学员活动后的感受，并做好记录。

④学员在跨越有困难时，培训师组织所有学员对学员进行鼓励但次数不宜过多。

⑤学员完成项目后，培训师询问并记录学员思想历程，引导学员的感悟。

活动分享：

①在活动中遇到什么问题？

②如何对问题进行的分解？

③个人与合作者的任务是什么？

④哪些因素促使了任务成功？

⑤遇到了什么困难？如何克服的？

⑥项目揭示了什么道理？

安全事项：

最好有人站在两名学员两侧随时可以保护学员。

**活动五** “高尔夫球”行动

活动目的：

让每位团员意志到自身的责任感、培养意志力。

活动道具：

1 米长的半弧形竹筒（5 根左右，看人数）；50 厘米长半弧形竹筒（5 根左右，看人数）；高尔夫球（2~3 个，看分组情况，每组一个）；小篮子（2~3 个）；口哨一个；秒表；计时人员。

活动时间：25 分钟。

活动程序：

①将所有队员分成 2~3 组，每组 10 人左右，每人领取一根竹筒（1 米或 50 厘米长的，必须两种兼有）。

②设定好起点目标地点和终点目标地点，并在终点目标地点放置好小篮子。

③每组发一个高尔夫球，每组成员拿好半弧形竹筒，接力传球，以球顺利到达小篮子内为成功。哪一组所用时间最短为胜。

注意事项：

①注意运输过程中，球不能掉地，球若掉地，队员必须重新从起点开始运输。重新计算时间。

②注意接力过程中人员安全。

活动分享：

①你参与“高尔夫球”行动的感觉是什么？

②选获胜小组分享成功经验。未获胜小组分享，有什么需要改进的？

③作为团队中的一员，你是如何配合小组成员完成此次行动的？

④你觉得在此次行动中，什么是最重要的？

⑤当你觉得很累的时候，你想过放弃吗？

## 四、结束阶段

**活动六** 互赠卡片

活动目的：放松，总结。

活动时间：5 分钟。

活动道具：卡片、彩笔。

活动程序：

①围成一个圈，每位同学选择一张卡片，可以在上面书写、涂画，送给同伴，说出一句祝福语。

②互赠卡片结束后，进行活动总结，提醒每一位同学话语要简短，只说一句感受。

注意事项：

关注没有收到卡片的同学，培训师也可以送出卡片。

### 【训练小结】

通过以上活动，你是不是能分辨两种不同的动机，让每一个动机都保持自己的独立性？是否能做到当决定一件重大事情时，将全部精力都集中在这件事情上，并树立“我一定要完成这件事”的志向？是否可以不一心二用，而是让你的意志力全部集中在一件事情上？是否能听进他人所给予的忠告，然后再依据自己的实际情况对这些忠告加以判断，最后再采取行动？是否能在遭遇挫折之后不灰心丧气，而是重新打起精神继续坚持？是否学会从长远的角度、动机及后果考虑问题，可以确保所考虑的动机或相关因素没有被一些暂时的因素所蒙蔽？

培训师反馈：人在成长的过程中总会遇到各种各样的困难，有的人在困难和挫折面前一蹶不振，有的人在困苦的环境中，能坚定地朝着目标迈进，这与人的意志有关。坚强意志是成功的保证，一个意志坚强的人能在艰苦条件下做出优异成绩。古往今来，许多名人志士、文化巨匠、科技专家、体坛名将无一不是意志坚强的人。通过团体训练，我们要了解到培养自己具有坚强的意志，有助于我们战胜困难、克服弱点、成就人生。

学生感言 1：不得不承认，我是一个意志力非常薄弱的人。“三天打鱼两天晒网”“三分钟热度”，这些词仿佛都是为我量身定做的。所以在得知学校组织意志力训练时，我不由得心里一阵狂喜，这个实在是太适合我了。通过此次活动我认识到，一个坏毛病的改正，一个学习计划的制订与执行，处理好与某同学的交往，及养成从未有过的好习惯，都离不开坚强的意志品质。逃避、倒退、怯懦是坚强意志的对立面。只有坚持不懈地克服困难，才能形成良好的意志品质，把握自己的人生之旅，走向成功的彼岸。

学生感言 2：一个对社会真正有用的人，首先应该是一个有着健康、健全人格的人，一个富有社会责任感的人。通过此次团体训练我意识到，只有具备高度责任感的人才有前进的动力和明确的奋斗目标，才会不畏艰难，努力进取，承担起对自己、对他人、对社会的责任，成为社会的有用之材。

## 【训后总结】

良好意志品质的培养不仅是心理学的内容，也是思想政治教育的内容。意志品质是一个人在实践过程中形成的比较明确稳定的行为特点，主要包括自觉性、独立性、果断性、坚韧性、自制力等。随着社会的快速发展与改革开放的进一步深化，竞争越来越激烈，大学生面对的压力越来越多，如学习压力、就业压力、情感压力、经济压力等。通过参与此次系列训练，张某明确了学习和生活的目标，能够勇于克服困难挫折，提高自身的自制能力，处事果断性增强，能够独立、正确地处理学习生活中的各种问题与矛盾，拥有良好的意志品质。

# 参考文献

[1]Carr Alan. Positive Psychology[M]. NewYourk: Routledge Press. 2011: 446 .

[2]William James. The Principles of Psychology[M]. New York: Dover Publications. 1950 : 696.

[3] 罗洛・梅 . 人的自我寻求 [M]. 郭本禹，方红，译 . 北京：中国人民大学出版社 2013: 224.

[4] 波果斯洛夫斯基，科瓦列夫 . 普通心理学 [M]. 魏庆安，译 . 北京：人民教育出版社 . 1980：98.

[5] 兰迪・拉森，戴维・巴斯 . 人格心理学 [M]. 郭永玉，等译 . 北京：人民邮电出版社 . 2011，704.

[6]Daniel J. Interpersonal communication: a goals-based approach[M]. New York: St. Martin's Press，1994.

[7]Gullone，E.，King，N. J. ，&Ollendick，T.H. . Self-reported anxiety in children and adolescents：A three-year follow-up study[J]. Journal of Genetic Psychology，2001，162（1）：5-19.

[8]Waldron，V. R. ，&Applegate，J. L. . Interpersonal construct differentiation and conversational planning an examination of two cognitive accounts for the production of competent verbal disagreement tactics[J]. Human Communication Research，2010，21（1）：3-35.

[9] 牛丽丽 . 以提升自我意识为核心的大学生心理健康教育 [J]. 中国成人教育，2014（18）：9.

[10] 班梦姣，王永杰 . 提高大学生环境适应能力的方式方法 [J]. 中国教育技术装备，2012（12）.

[11] 李辉，陈文豪 . 当代大学生环境适应的主要障碍及其应对 [J]. 思想

理论教育，2008（9）.
[12] 高晓波 . 心理适应的本质与机制心理卫生 [J]. 天津师范大学学报（社会科学版），2001（1）.
[13] 郝文清 . 大学新生环境适应问题与应对措施 [J]. 中国高教研究，2006（2）.
[14] 王永杰，马宏峰，等 . 大学生环境适应状况及其影响因素 [J]. 中国校外教育，2010（11）.
[15] 吴连海，古全美 . 当前大学生宿舍人际关系基本因子特征调查分析 [J]. 精神医学杂志，2008，21（6）：442–444.
[16] 石丘玲，孙长生，等 . 不同年级军医大学生心理健康状况分析 [J]. 第四军医大学学报，1998，19（2）：212–213.
[17] 刘鹏飞，王莉荣 . 以团体心理辅导提高大学生环境适应能力探究 [J]. 广西社会科学，2016（2）.
[18] 李惠，赵旭东，等 . 家庭动力与大学新生适应的关系 [J]. 中国心理卫生，2009，23（2）：133–137.
[19] 潘彦谷，张大均，等 . 大学生社会适应的影响因素及其培养途径——来自心理学的研究 [J]. 西南大学学报（社会科学版），2016（9）.
[20] 李彩娜，周伟 . 大学生社会适应与五因素人格间关系的研究 [J]. 中国临床心理学杂志，2009，17（1）：78–80.
[21] 刘诚凤 . 中等职业生团队合作精神的心理理论及培养途径初探 [J]. 校园心理，2016，14（3）：173–174.
[22] 沈权 . 现代合作学习的理论基础探索 [J]. 中国教育学刊，2003（7）：7.
[23] 王坦 . 合作学习的理论简析 [J]. 课程·教材·教法，2005，25（1）：30–35.
[24] 韩迎春 . 不能以“团队精神”取代“集体主义”[J]. 马克思主义研究，2015（12）：129.
[25] 赵静怡，于德利 . 解析“团队精神”[J]. 职业技术，2006（22）：124–125.
[26] 齐元俊，任伟建，霍凤财 . 如何在实践中培养大学生的团队协作精

神 [J]. 西部素质教育，2017，3（8）：93.
[27] 任小晴 . 大学生团队精神培养的思考 [J]. 中国成人教育，2008（10）：53–54.
[28] 叶清 . 大学生团队精神现状及对策研究 [J]. 江西教育科研，2005（11）：31–34.
[29] 张富洪 . 学生团队精神的培养 [J]. 四川教育学院学报，2004（12）：20–67.
[30] 黄瑞国 . 大学生团队精神的现状和思考 [J]. 忻州师范学院学报，2002（6）：73–75.
[31] 魏萍 . 大学生团队精神培养的实践与思考 [J]. 经济师，2007（8）：100–101.
[32] 余俊渠，叶树林 . 论当代大学生团队精神的现状及思考 [J]. 武汉科技学院学报，2006（9）：79–82.
[33] 孙强 . 新时期加强大学生团队意识培养的思考 [J]. 扬州大学学报，2006（4）.
[34] 魏怡 . 课堂教学中注重培养学生的团队精神 [J]. 理工高教研究，2006（1）.
[35] 于国权，立杰 . 浅析企业团队精神 [J]. 黑龙江社会科学，2001（3）.
[36] 景丽芳 . 试论市场经济条件下团队精神的培养 [J]. 福建工程学院学报，2003，1（2）：8.
[37] 杨欣虎 . 论学风建设中学习意志力因素及其养成 [J]. 中国高教研究，2008.
[38] 陈菊珍 . 大学生意志品质缺陷及应对方法 [J]. 湖南冶金职业技术学院学报，2009.
[39] 黄静宜 . 论当代大学生意志品质的特点及应对策略 [J]. 湖北成人教育学院学报，2009.
[40] 张红英 . 论大学生意志品质形成与发展的影响因素 [J]. 东华大学学报（社会科学版），2007.
[41] 王璐 . 大学新生环境适应教育研究 [D]. 吉林：长春理工大学，2014.

[42] 秦莉 . 大学生社会适应能力与父母教养方式及职业倾向的关系研究 [D]. 重庆：重庆师范大学，2013.
[43] 中央教育科学研究所比较教育研究室 . 简明国际教育百科全书 · 教学（下册）[Z]. 北京：教育科学出版社，1990：410.
[44] 郑念. 科学精神的实质和内涵 [Z]. 中国科普研究所，2003.
[45] 徐平 . 围棋活动对儿童注意力、意志力和创造力的影响 [D]. 上海：华东师范大学，2008.
[46] 李术红. 当代大学生意志品质的特点及培养策略 [M]. 东华大学出版，2007.
[47] 刘朝霞. 大学生意志品质的培养与素质教育 [J]. 太原科技大学学报，2002.
[48] 付洪 . 关于当代大学生责任意识培养的一些思考 [J]. 天津社会科学院报，2008.
[49] 桑标 . 学校心理咨询基础理论 [M]. 上海：华东师范大学出版社，2017：19.
[50] 孔读云 . 论大学生自我意识及其培养：心理学视角的理论探析 [J]. 现代经济信息，2008，（12）：144–145.
[51] 马克思，恩格斯 . 马克思恩格斯全集: 第23卷 [M]. 北京: 人民出版社，1972.
[52] 聂娟 . 大学为自我意识培养的重要性及其策略 [J]. 社会心理学，2010.
[53] 孙瑜 . 当代大学生自我意识研究 [D]. 燕山大学，2015.
[54] 张华 . 论符号的存在环境与象征意义——主要从视觉方面和象征性进行分析 [J]. 剑南文学（经典阅读），2012（12）：15–16.
[55] 段兴利，权丽华，洪涛 . 大学新生入学适应研究 [M]. 兰州：甘肃民族出版社，2006.
[56] 林崇德，杨治良，黄希庭 . 心理学大辞典 [M]. 上海：上海教育出版社，2004.
[57] 赵志航，陈瑞瑞 . 社团活动对大学生社会化程度的影响 [J]. 中国组

织工程研究与临床康复，2007，11（52）：10576-10579.
[58] 傅茂笋，代旭东．医学新生适应能力与家庭环境的关系研究 [J]. 中国临床心理学，2002，10（2）：114-115.
[59] 周圆．团体辅导：理论、设计与实例 [M]. 上海：上海教育出版社，2013：289-305.
[60] 孙健敏，李原，等译．组织行为学 [M]. 北京：中国人民大学出版社，1997.
[61] 林崇德，杨治良，黄希庭．心理学大辞典 [M]. 上海：上海教育出版社，2003：432.
[62] 朱君，赵雯，刘增训，蔡兴芹．大学生人际关系与心理健康的相关研究 [J]. 精神医学杂志，26（4）：265-267.
[63] 埃利奥特·阿伦森（Elliot Aronson）. 社会心理学 [M]. 候玉波，等译．世界图书出版公司，2012.
[64] 黄希庭．心理学与人生 [M]. 广州：暨南大学出版社，2005.
[65] 亚伯拉罕·哈罗德·马斯洛（Abraham H. Maslow）．人的潜能和价值 [M]．林方，译．北京：华夏出版社，1987：162-168，253.
[66] Genorge J. 共同学习的原理与技巧 [M]. 北京：中央民族大学出版社，1998.
[67] 简林．如何培养老师的合作教学能力 [M]．广西：漓江出版社，2011.
[68] 陈会昌，庞丽娟，等．中国学前教育百科全书 [M]. 沈阳：沈阳出版社，1995：64.
[69] 马剑侠，张松．团体辅导初中生考试焦虑的报告 [J]. 中原精神医学学刊，1998（7）.
[70] 荀雅宏．培养军人优良的意志品质 [J]. 政工学刊，2010（7）.
[71] 杨希文．基于布卢姆情感目标分类学理论的幼儿责任感培养的研究 [D]. 北京：首都师范大学，2014.
[72] 肖振远．经济转型时期的责任意识 [J]. 吉林大学社会科学学报，1995.

[73] 王占先. 坚强的意志品质是培养创造型人才的基础 [J]. 赤峰教育学院学报，2000（3）.
[74] 李慎之. 公民教育之必要 [J]. 教师之友，2003（6）.
[75] 周晔. 社会主义精神文明建设与素质教育研究 [D]. 北京：中共中央党校，2000.
[76] 王学俭. 社会实践是大学生思想政治教育的重要环节 [J]. 高校理论战线，2005（5）.
[77] Northouse，P. G. Introduction to leadership:concepts and practice[M]. Thousand Oaks，CA：Sage Publication，2009.
[78] 李金林，王芳官，金海燕. 大学生领导力培养的现状调查 [J]. 重庆理工大学学报（社会科学），2010，2（11）：133–138.
[79] 赵红梅. 当代美国女子高校的领导力教育 [D]. 首都师范大学，2005.
[80] Mezirow J. Transformative Learning as Discourse[J]. Journal of Transformative Education，2003（4）：58–63.
[81] 胡杨，徐建军. 转型期高校思想政治教育的重点：大学生和谐社会心态的培养 [J]. 江西教育科研，2007（9）：35.
[82] 张莹瑞，佐斌. 社会认同理论及其发展 [J]. 心理科学进展，2006（3）:157–162.
[83] Tajfel，H.，& Turner，J. C.. An integrative theory of intergroup conflict[J]. The Social Psychology of Intergroup Relations，1979（33）：47.
[84] Brown，B. B.. "You're going out with who?" Peer group influences on adolescent romantic relationships. In W. Furman，B. B. Brown，& C. Feiring（Eds.），The development of romantic relationships in adolescence[M]. New York，US：Cambridge University Press，1999：291–329.
[85] Fredrickson，B. L.. What good are positive emotions?[J]. Review of General Psychology，1998（2）：300–319.
[86] Martin E. P. Seligman. Learned Optimism[J]. Library Journal. 1991（10）.

[87] [美] Cynthia D. McCauley, Ellen V. Velsor. 领导力发展手册 [M]. 翁文艳，等译. 上海：上海人民出版社，2008：14-17.

[88] 翁文艳. 国外领导教育与培训概览 [M]. 华东师范大学出版社，2008.

[89] 帕斯卡尔. 思想录 [M]. 商务印书馆，1985：166.

[90] 聂娟. 大学生自我意识培养的重要性及其策略 [J]. 社会心理科学，2010（8）.

[91] 孔读云. 论大学生自我意识及其培养——心理学视角的理论探析 [G]. 安徽师范大学，2007.

[92] 胡月星. 自我净化与完善 从提升自我认知力入手 [J]. 行政管理改革，2017（3）：10.

[93] 李明. 当代大学生自我意识发展的特点及其调控 [J]. 牡丹江教育学报，2015（11）：20.

[94] 桑标. 学校心理咨询基础理论 [M]. 华东师范大学出版社，2017：19.

[95] 孔读云. 论大学生自我意识及其培养：心理学视角的理论探析 [D]. 安徽师范大学，2007.

[96] 马克思，恩格斯. 马克思恩格斯全集: 第23卷 [M]. 北京: 人民出版社，1992.

[97] 聂娟. 大学生自我意识培养的重要性及其策略 [J]. 社会心理学，2010（6）.

[98] 牛丽丽. 以提升自我意识为核心的大学生心理健康教育 [J]. 中国成人教育，2014（18）：9.

[99] 孙瑜. 当代大学生自我意识研究 [D]. 燕山大学，2015.

[100] WINTREM G. YAFFEM. First year student's adjustment to university life as a function of relationships with parents [J]. Journal of Adolescent Research, 2000.15（1）：9-37.

[101] 班梦姣，王永杰. 提高大学生环境适应能力的方式方法 [J]. 中国教育技术装备，2012（5）.

[102] 欧阳娟. 大学新生适应性量表(SACQ)的修订与应用研究 [D]. 湖南: 湖南师范大学，2012.

[103] 贾晓波. 心理适应的本质与机制心理卫生 [J]. 天津师范大学学报（社会科学版），2001（8）.

[104] 郝文清. 大学新生环境适应问题与应对措施 [J]. 中国高教研究，2006（5）.

[105] 王永杰，马宏峰，等. 大学生环境适应状况及其影响因素 [J]. 中国校外教育，2010（11）.

[106] 吴连海，古全美. 当前大学生宿舍人际关系基本因子特征调查分析 [J]. 精神医学杂志，2008，21（6）：442–444.

[107] 石丘玲，孙长生，候丽宏，等. 不同年级军医大学生心理健康状况分析 [J]. 第四军医大学学报，1998，19（2）：212–213.

[108] 刘鹏飞，王莉荣. 以团体心理辅导提高大学生环境适应能力探究 [J]. 广西社会科学，2016（8）.

[109] 黄兆信，李远煦. 大学新生适应性问题研究——从高中与大学衔接的视角 [J]. 中国高教研究，2010（7）.

[110] 潘彦谷，张大均，等. 大学生社会适应的影响因素及其培养途径——来自心理学的研究 [J]. 西南大学学报（社会科学版），2016（8）.

[111] 李彩娜，周伟. 大学生社会适应与五因素人格间关系的研究 [J]. 中国临床心理学杂志，2009，17（1）：78–80.

[112] 秦莉. 大学生社会适应能力与父母教养方式及职业倾向的关系研究 [D]. 重庆：重庆师范大学，2013.

[113] 张华. 论符号的存在环境与象征意义——主要从视觉方面和象征性进行分析 [J]. 剑南文学（经典阅读），2012（12）：15–16.

[114] 段兴利，权丽华，洪涛. 大学新生入学适应研究 [M]. 兰州：甘肃民族出版社，2006.

[115] 林崇德，杨治良，黄希庭. 心理学大辞典 [M]. 上海：上海教育出版社，2003.

[116] 赵志航，陈瑞瑞. 社团活动对大学生社会化程度的影响 [J]. 中国组

织工程研究与临床康复，2007，11（52）：10576-10579.

[117] 傅茂笋，代旭东 . 医学新生适应能力与家庭环境的关系研究 [J]. 中国临床心理学，2002，10（2）：114-115.

[118] 周圆 . 团体辅导：理论、设计与实例 [M]. 上海：上海教育出版社，2013：289-305.

[119] 林崇德，杨治良，黄希庭主编 . 心理学大辞典 [M]. 上海：上海教育出版社，2003.

[120] 林崇德,杨治良,黄希庭.心理学大辞典 [M]. 上海:上海教育出版社，2003.

[121] 黄萍 . 企业内部人际沟通的现状调查及其改善策略的理性探索 [D]. 西南大学，2007.

[122] Robbins，S. P. ，& Judge，T. A. Organizational Behavior[M]. Organizational behavior: West Pub.Co.，2001.

[123] 王馨 . 大学生人际沟通能力与就业面试能力关系研究 [D]. 云南师范大学 .

[124] 朱君,赵雯,刘增训,等. 大学生人际关系与心理健康的相关研究 [J]. 精神医学杂志，2013（4）.

[125] Dong Xie，& Leong，Frederick T. L. A cross-cultural study of anxiety among chinese and caucasian american university students[J]. Journal of Multicultural Counseling & Development，2008，36（1）：52-63.

[126] Neville J. King，David Heyne，Bruce Tonge，Eleonora Gullone，& Thomas H. Ollendick.School refusal：categorical diagnoses，functional analysis and treatment planning[J]. Clinical Psychology & Psychotherapy，2001，8（5）：352-360.

[127] 路璐 . 高校学生积极心理品质现状及对策研究 [J]. 西部学刊，2019（22）：95-97.

[128] 张廷敬 . 浅谈小组合作建设在教学中的意义和作用 [J]. 文学教育（下），2019（12）：188.

[129] 胡喜超 . 浅谈如何培养大学生团队精神 [J]. 中外企业家，2019(30):

146.
[130] 陈建中 . 一体化教学中学生团队精神和竞争意识培养的研究与实践 [J]. 科技资讯，2019，17（25）：205–206.
[131] 张玉娟 . 大学生团队精神培育策略研究 [D]. 东北师范大学，2019.
[132] 姜芳 . 大学生团队精神缺失原因探析 [J]. 教育现代化，2018，5（37）：190–191.
[133] 徐琳，李福臻 . 大学生团队精神培养机制研究：基于高校文化建设视角 [J]. 中国成人教育，2018（5）：83–85.
[134] 姜芳 . 大学生团队精神缺失原因探析 [J]. 教育现代化，2017，4（51）：152–153.
[135] 王新明 . 当代独生子女大学生自我管理的涵义和内容 [J]. 科技信息，2010（13）：118–119.
[136] 陈俱生主编 . 现代汉语辞海 [S]. 太原：山西教育出版社，2002.
[137] 鲁克成，罗庆生 . 创造学教程 [M]. 北京：中国建材工业出版社，1997.
[138] 余华东 . 创新思维的关键是非逻辑思维 [J]. 山西大学师范学院学报，2002（1）：59.
[139] 叶亦乾等 . 心理学（修订二版）[M]. 上海：华东大学出版社，2005.
[140] 陶国富 . 创造心理学 [M]. 上海：立信会计出版社，2002.
[141] 朱红专，周月朗 . 创新心理的形成和发展研究 [J]. 娄底师专学报，2002（2）.
[142] 袁楠，何跃 . 创新思维与创新心理及其相互关系 [J]. 社会科学管理与评论，2008（2）：7–13.
[143] 刘兴强，王琳 . 大学生创新思维培养探究 [J]. 创新与创业教育，2017，8（3）：24–25.
[144] 赵燕，人本教育理念下学生创新思维培养的路径探索 [J]. 中国教育学刊，2014（2）：87–89.
[145] 陈会昌，庞丽娟，申继亮，周建达 . 中国学前教育百科全书 [M].

沈阳出版社，1995.
[146] 马剑侠，张松 . 团体辅导初中生考试焦虑的报告 [J]. 中原精神医学学刊，1998（4）.
[147] 徐平 . 围棋活动对儿童注意力、意志力和创造力的影响 [D]. 上海：华东师范大学，2008.
[148] 杨欣虎 . 论学风建设中学习意志力因素及其养成 [J]. 中国高教研究，2008（6）.
[149] 苟雅宏 . 培养军人优良的意志品质 [J]. 政工学刊，2010（3）：64–65.
[150] 杨希文 . 基于布卢姆情感目标分类学理论的幼儿责任感培养的研究 [D]. 北京：首都师范大学，2014.
[151] 任传宝 . 培养青少年责任意识的几点思考 [J]. 祖国：教育版，2013（8）：209–210.
[152] 肖振远 . 经济转型时期的责任意识 [J]. 吉林大学社会科学学报，1995（4）：9–14.
[153] 王占先 . 坚强的意志品质是培养创造型人才的基础 [J]. 赤峰学院学报（自然版），2000（6）：47–47.
[154] 李慎之 . 公民教育之必要 [J]. 教师之友，2003（4）.
[155] 周晔 . 社会主义精神文明建设与素质教育研究 [D]. 北京：中共中央党校，2000.
[156] 王学俭 . 社会实践是大学生思想政治教育的重要环节 [J]. 高校理论战线，2005（5）：30–31.